# 二程门人

李敬峰 著

中央编译出版社
Central Compilation & Translation Press

### 图书在版编目（CIP）数据

二程门人 / 李敬峰著. —北京：中央编译出版社，2020.9

ISBN 978-7-5117-3751-9

Ⅰ.①二… Ⅱ.①李… Ⅲ.①程颢（1032-1085）-哲学思想-研究 ②程颐（1033-1107）-哲学思想-研究 Ⅳ.①B244.65

中国版本图书馆 CIP 数据核字（2020）第 167151 号

## 二程门人

| | |
|---|---|
| 责任编辑 | 刘　溪 |
| 责任印制 | 刘　慧 |
| 出版发行 | 中央编译出版社 |
| 地　　址 | 北京西城区车公庄大街乙5号鸿儒大厦B座（100044） |
| 电　　话 | （010）52612345（总编室）　（010）52612336（编辑室） |
|  | （010）52612316（发行）　　（010）52612369（网站） |
| 传　　真 | （010）66515838 |
| 经　　销 | 全国新华书店 |
| 印　　刷 | 北京紫瑞利印刷有限公司 |
| 开　　本 | 710 毫米×1000 毫米　1/16 |
| 字　　数 | 174 千字 |
| 印　　张 | 13.5 |
| 版　　次 | 2020 年 9 月第 1 版 |
| 印　　次 | 2020 年 9 月第 1 次印刷 |
| 定　　价 | 68.00 元 |

新浪微博:@中央编译出版社　　　微　信:中央编译出版社(ID: cctphome)
淘宝店铺：中央编译出版社直销店(http://shop108367160.taobao.com)　（010）52612322

本社常年法律顾问：北京市吴栾赵阎律师事务所律师　闫军　梁勤
凡有印装质量问题，本社负责调换，电话：（010）52612345

# 前　言

　　中国哲学经过百余年现代学术范式的研究，所取得成果用汗牛充栋来形容毫不为过，尤其是对那些儒家典范人物，如孔子、孟子、朱熹、王阳明等的研究，更是难以胜数，以至当前学界若无新的视角、新的方法、新的材料，很难有效切入到这些人物的研究当中。正是在这样的学术背景下，近些年学界开始将研究视野下移到大师的门人、后学身上，将他们作为新的学术增长点，兴起一股"后学研究热"的学术思潮。这一点我们很容易从当前学界关注的焦点和研究的趋向中看出来。但尤为不足的是，学界的研究主要集中在朱子、王阳明这些标杆式人物的门人、后学身上，而对二程（程颢、程颐）门人、后学的研究则相对冷淡很多，这从学界已有《朱子门人》①《陆九渊门人》②等著作，而无有关二程门人的专著的现状中可以得到真切的反映。个中缘由在于：一是二程的地位与朱熹、王阳明的理学、心学集大成的地位自然不能同日而语，门人、后学因师所累，少受关注是情理之中的事；二是二程门人本身的问题，那就是二程门人一方面不喜著述，另一方面仅有的著述也多数佚失。文献的缺失使我们无法窥探门人的思想，这就为我们理解和把

---

　　① 陈荣捷：《朱子门人》，上海：华东师范大学出版社2007年版。
　　② 赵伟：《陆九渊门人》，北京：中国社会科学出版社2009年版。

握二程门人造成极大的困难。正是这两种原因的交织，使得二程门人的研究变得较为惨淡。但在学术研究日益细化、资料检索更为方便的当下，对二程门人展开系统研究就变得可能，同时，这也是必要的。这正是这本专著撰写的直接缘由和动机。除了这种学术的因素，故乡之情亦是推动这本书撰写的深层原因。笔者自幼在二程故里河南省伊川县求学问知，深受二程文化的熏陶和影响，再加上博士论文就是做的二程，有感于二程门人研究的薄弱和不足，故而萌发将二程洛学的演变梳理清楚的情愫。

回到二程门人研究这个主题，较早对二程门人进行梳理的当是南宋朱熹的《伊洛渊源录》，辑录二程门人42人，采取传记加遗事的方式进行编纂，首次成功地书写和记录二程学派的流传，相对清晰地向我们展示了二程门人的面貌。而后的《宋元学案》《王著作集》《儒林宗派》《宋元学案补遗》《程明道年谱》《程伊川年谱》在朱熹《伊洛渊源录》的基础上都有所扩容，但多数只列其名，而无事迹、思想的介绍。现当代以来，程膺、张红均根据《两程门人名单碑》，在其著述的《二程故里志》①中记载二程门人93人，而王巧生的《二程弟子心性论研究》②则考证二程弟子为70人，这些前辈学者的梳理和汇编为我们大致勾勒了二程门人的基本情况，但不足之处亦是明显的：一是考证不足，部分弟子的行实并非像已有的研究所表明的那样"事迹不详"，而是散见于庞杂的史海中，这就需要我们进行详细和耐心的查找、辑录；二是多数著作只是列举弟子名单，而没有详细的介绍，这样就无法窥见他们的生平和思想，难以知人论世。因此，在前辈学者积淀的基础上，拙著首先在前人梳理的基础上，并通过重新爬梳《宋元学案补遗》《王著作集》等，以及使用如中国基本古籍库、四库全书电子数据库、读秀等电子工

---

① 程膺、张红均：《二程故里志》，开封：河南大学出版社1992年版。
② 王巧生：《二程弟子心性论研究》，武汉大学博士学位论文，2009年。

具，更为详细地考证二程门人，确定二程门人的名单，有疑存疑，尽可能做到真实详尽，如对于有争议的范祖禹、王岩叟、陈渊等，则置于附录之中，明其所以，但不计入二程门人之内；其次则借鉴学案的编纂体例，对每一个门人，按照生平、遗事和思想这三大块进行撰写，同时为了能够直观展现门人与二程的交往答问，拙著对《二程集》中的师生问答进行搜集归类，并附于每一位门人之后。除此之外，拙著亦将《朱子语类》卷一百零一的《总论二程门人》分类附录于后，以期展现理学集大成者朱子对二程门人的评判，从他者的视角来进一步彰显二程门人的状况。需要特别说明的是，为了检索和阅读的方便，在目录排列二程门人的顺序时，拙著遵照门人姓氏首字母的序列进行排序，以示客观之意。以上的这种编纂体例正是拙著突破前贤，获取新知所必须努力的方向。

要之，当前学界尚无一本系统而完整介绍二程门人的专著，我相信拙著的撰写可以最大程度地将二程门人的基本面貌展现出来，有助于深化和推进二程洛学的研究，寻绎新的学术增长点，打开二程洛学研究的新视域。当然，因学术水平浅陋，拙著难免挂一漏万，敬请学界同仁批评指正！

李敬峰

2020 年 6 月

# 目 录

二程门人概况 …………………………………………………… 1

二程门人叙述 …………………………………………………… 10
 鲍若雨 ………………………………………………………… 10
 畅大隐 ………………………………………………………… 13
 畅中伯 ………………………………………………………… 14
 陈经正 ………………………………………………………… 14
 陈经邦 ………………………………………………………… 18
 陈经德 ………………………………………………………… 19
 陈经郛 ………………………………………………………… 20
 戴 述 ………………………………………………………… 20
 杜 纯 ………………………………………………………… 21
 范 冲 ………………………………………………………… 21
 范季平 ………………………………………………………… 22
 范文甫 ………………………………………………………… 23
 范 育 ………………………………………………………… 24
 范 械 ………………………………………………………… 25
 冯 理 ………………………………………………………… 25

| | |
|---|---|
| 高朝奉 | 26 |
| 郭忠孝 | 26 |
| 郝　元 | 28 |
| 侯仲良 | 28 |
| 贾　易 | 31 |
| 焦　瑗 | 32 |
| 李　参 | 33 |
| 李处遯 | 33 |
| 李处廉 | 34 |
| 李　朴 | 34 |
| 李　吁 | 36 |
| 练　绘 | 39 |
| 林大节 | 39 |
| 林志宁 | 40 |
| 刘安节 | 40 |
| 刘安上 | 45 |
| 刘立之 | 47 |
| 刘　绚 | 49 |
| 罗从彦 | 51 |
| 吕大忠 | 53 |
| 吕大钧 | 55 |
| 吕大临 | 57 |
| 吕切问 | 65 |
| 吕希哲 | 66 |
| 吕义山 | 69 |
| 马　伸 | 69 |

| | |
|---|---|
| 孟　厚 | 70 |
| 潘　闳 | 71 |
| 彭　醇 | 72 |
| 谯　定 | 73 |
| 邵伯温 | 75 |
| 邵　溥 | 76 |
| 沈躬行 | 77 |
| 时紫芝 | 78 |
| 苏　昞 | 79 |
| 唐　棣 | 82 |
| 田述古 | 88 |
| 王　苹 | 89 |
| 吴　给 | 93 |
| 鲜于侁 | 94 |
| 萧　楚 | 96 |
| 萧　服 | 97 |
| 谢良佐 | 98 |
| 谢　湜 | 109 |
| 谢　收 | 110 |
| 谢天申 | 110 |
| 邢　恕 | 113 |
| 许景衡 | 115 |
| 晏敦复 | 118 |
| 杨　迪 | 119 |
| 杨国宝 | 121 |
| 杨　时 | 122 |

尹　焞 ……………………………………………………… 134
游　酢 ……………………………………………………… 144
袁　溉 ……………………………………………………… 150
翟　霖 ……………………………………………………… 151
张　杲 ……………………………………………………… 152
张闳中 ……………………………………………………… 152
张　绎 ……………………………………………………… 153
赵彦道 ……………………………………………………… 158
周纯明 ……………………………………………………… 159
周孚先 ……………………………………………………… 159
周恭先 ……………………………………………………… 161
周行己 ……………………………………………………… 165
周　纶 ……………………………………………………… 169
朱　定 ……………………………………………………… 169
朱光庭 ……………………………………………………… 170

**参考文献** ………………………………………………… 173
　一、典籍 ………………………………………………… 173
　二、专著 ………………………………………………… 177
　三、期刊论文 …………………………………………… 179
　四、学位论文 …………………………………………… 182

**附　录** …………………………………………………… 184
　附录一　《伊洛渊源录》所列二程门人 …………………… 184
　附录二　《王著作集》所列二程门人 ……………………… 184
　附录三　《宋元学案》所列二程门人 ……………………… 185

附录四 《儒林宗派》所列二程门人 …………………………… 186
附录五 《程伊川年谱》所列二程门人 ………………………… 186
附录六 《伊川书院》所列二程门人 …………………………… 187
附录七 二程门人师事年考 ……………………………………… 187
附录八 二程门人考证 …………………………………………… 189
附录九 《二程门人总论》（《朱子语类》卷一百零一）……… 198

# 二程门人概况

程颢、程颐共同开创了理学学派——洛学。作为认同洛学之道的一个学术群体,二程门人之间的"家族相似性"是一个有待挖掘且颇具价值的问题。经过笔者系统梳理和考证,二程门人有82人,通过对这些二程门人资料的整理和分析,笔者概括性地总结出二程门人所本具有而不被时人所注意的异彩纷呈的特征,以揭示二程门人作为一个学术群体的"家族相似性"。

### 1. 师从二程,以程颐为主

二程门人并不像孔子门人和朱子门人那么庞大,可考的尚不足百人,这反衬出洛学尚未在当时取得独步学术舞台的地位,当时学界所呈现的王学、蜀学、关学等学派林立的状况也印证了这一点。二程之中,程颢因其享年不佳,54岁便终止了其授业传道的短暂人生,他的及门弟子只有19人,且在其殁后,刘绚、李吁、谢良佐、杨时、游酢、吕氏三兄弟、田述古、邵伯温、苏昞等15人又改投程颐门下。若单从拜师形式来讲,二程门人实际主要是程颐门人,且这些门人并不是同时问道于二程的,而是有着时间上的差异的,时间的差异及同时兼学二程决定了其所学的不同,也使程门后学思想的分化较其他学派更加明显。二程在政治上的不得意也促使他们转向"觉民行道",广开书院、收徒讲学,以图明道。嘉祐初年，程颢收刘立之为学生。这是程颢收的第一个年仅7岁的弟子，从学三十年。程颢在任地方官时垂青教育，在嵩阳、扶沟等地设学庠，晚年政治上失意后，则将更多的时间和精力转向学术研究和教育活动："时以读书劝学为事……士大夫从之讲学者，日夕盈门……身益退，位益卑，而名益高于天下。"① 著名的程门弟子，如谢良佐、游酢、吕大临、杨时、刘绚、朱光庭都是在这个时期拜程颢为师求学的。程颐的一生，因第一次科考失意，便绝意仕途，专心于教育活动。程颐18岁在太学时，胡瑗"即延见，处以学职"②。当时权贵吕公著的儿子吕希哲首以师礼从学于程颐，这也是程颐收的第一个学生。随后，四方之士，从程颐游者日益增多。程颐除在京师（开封）从事学术教育活动外，还到汉州、许州、洛阳、关中等地讲学。收游酢、吕大临、周纯明等众多学生。晚年遭贬居洛期间，还纳尹焞、罗从彦、张绎、孟厚、周孚先、马伸为弟子，并创立伊皋书院，在此讲学二十余年。崇宁初，"范致虚言'程某以邪说诐行惑乱众听，而尹焞、张绎为之羽翼'，事下河南府体究，尽逐学徒，复录党籍。四方学者犹相从不舍，先生曰：'尊所闻，行所知，可矣。不必及吾门也。'"③ 此是对当时程颐学术影响的概括，即使处在党禁的状况下，从学弟子仍络绎不绝。

至于兼学现象，即同时师从二程之外的学者，在程门并不如朱门普遍。弟子中，朱光庭曾从孙复、胡瑗游学，后从学于程颐。田述古学于胡瑗；苏昞、吕大临、吕大钧、吕大忠四人先从学张载，张载去世后，从学程颐；王苹、陈渊、罗从彦三人先从学程颐，程颐去世后，又师从

---

① 〔南宋〕朱熹：《伊洛渊源录》卷二，见朱杰人、严佐之、刘永翔主编：《朱子全书（第12册）》，上海、合肥：上海古籍出版社、安徽教育出版社2010年版，第904页。
② 《安定学案》，见〔清〕黄宗羲、全祖望：《宋元学案》，陈金生、梁运华点校，北京：中华书局1986年版，第26页。
③ 《伊川学案》，见〔清〕黄宗羲、全祖望：《宋元学案》，陈金生、梁运华点校，北京：中华书局1986年版，第590页。

杨时；而邵伯温、范冲、杨迪等又皆有家学传授。

## 2. 多数弟子思想杂染佛学

韩愈辟佛兴儒，摇旗呐喊，虽发出先声，但佛学依然以强势话语影响学界，始终作为"他者"存在于士大夫思考的思想境遇中。二程作为儒学复兴的代言人，以倡兴儒道为己任，始终把辟佛作为其复兴儒学的重要手段，正面回应虽不可少，但反面论证更能直击佛学之软肋。二程弟子并未很好地继承师门传统，而是多数入佛门中去。程颐自涪归来，见学者凋落，多从佛学，独先生（杨时）与谢丈（谢良佐）不变，因叹曰："学者皆流于夷狄矣，唯有杨、谢二君长进。"① 《朱子语类》载"一日，论伊川门人，云：'多流入释氏。'文蔚曰：'只是游定夫如此，恐龟山辈不如此'，曰：'只《论语序》便可见。'"② 又说："伊川之门，谢上蔡自禅门来"③，"程门高弟如谢上蔡游定夫杨龟山辈，下梢皆入禅学去"④，"游杨谢三君子初皆学禅。后来余习犹在，故学之者多流于禅。游先生大是禅学"。⑤ 胡宏更为严苛，直指："定夫为程门罪人，何其晚谬一至斯与！"⑥ 硕儒的批评显然不是无凭无据的，且从游酢的交往和思

---

① 《龟山学案》，见〔清〕黄宗羲、全祖望：《宋元学案》，陈金生、梁运华点校，北京：中华书局1986年版，第955页。
② 〔南宋〕朱熹：《朱子语类》卷一百零一，见朱杰人、严佐之、刘永翔主编：《朱子全书（第17册）》，上海、合肥：上海古籍出版社、安徽教育出版社2010年版，第3358页。
③ 〔南宋〕朱熹：《朱子语类》卷一百零一，见朱杰人、严佐之、刘永翔主编：《朱子全书（第17册）》，上海、合肥：上海古籍出版社、安徽教育出版社2010年版，第3358页。
④ 〔南宋〕朱熹：《朱子语类》卷一百零一，见朱杰人、严佐之、刘永翔主编：《朱子全书（第17册）》，上海、合肥：上海古籍出版社、安徽教育出版社2010年版，第3358页。
⑤ 〔南宋〕朱熹：《朱子语类》卷一百零一，见朱杰人、严佐之、刘永翔主编：《朱子全书（第17册）》，上海、合肥：上海古籍出版社、安徽教育出版社2010年版，第3358—3359页。
⑥ 《鹰山学案》，见〔清〕黄宗羲、全祖望：《宋元学案》，陈金生、梁运华点校，北京：中华书局1986年版，第994页。

想来看，确与佛学纠缠不清，二程门人一面与佛教高僧往从甚密（如朱子说："游定夫学无人传，无语录。他晚年嗜佛，在江湖居，多有尼出入其门。"①），另一面思想主张里佛学成分甚重，谢良佐甚至"以禅证儒"，他提出的"敬是常惺惺"，直接借用的就是佛教术语。朱子深刻分析道："程门诸子在当时亲见二程，至于释氏，却多看不破，是不可晓。"② 二程门人入佛门，以朱子的立场来看，是因为"程先生当初说得高了，他们只见一截，少下面着实工夫，故流弊至此"③，此处的程先生盖指程颢。朱子的分析不无道理，程颢的学问为才高者事，走的是"自诚明"的路，这与佛学所主张的"顿悟"有颇多相似之处。除此之外，当时士大夫阶层沉迷佛学已成蔚为壮观之势，甚至以与佛门高僧来往为荣。遍观《宋史》论述，儒家士大夫多类似于程颢"泛滥于诸家，出入于佛、老者数十年，反求诸六经而后得之"④，这可谓是对当时士大夫为学经历的真实概括。

### 3. 弟子多在北宋，南宋寥寥无几

程颢生于1032年，卒于1085年，程颐生于1033年，卒于1107年。从二程的生卒年可以看出，程颢早卒，程颐去世后的20年即1127年，北宋灭亡，南宋建立。程门弟子多享年不佳，如刘绚、李吁在程颢之前去世，而谢良佐（1150—1103）、游酢（1053—1123）、郭忠孝（？—1128）、吕大忠（1020—1066）、吕大钧（1029—1080）、吕大临

---

① 〔南宋〕朱熹：《朱子语类》卷一百零一，见朱杰人、严佐之、刘永翔主编：《朱子全书（第17册）》，上海、合肥：上海古籍出版社、安徽教育出版社2010年版，第3359页。

② 〔南宋〕朱熹：《朱子语类》卷一百零一，见朱杰人、严佐之、刘永翔主编：《朱子全书（第17册）》，上海、合肥：上海古籍出版社、安徽教育出版社2010年版，第3361页。

③ 〔南宋〕朱熹：《朱子语类》卷一百零一，见朱杰人、严佐之、刘永翔主编：《朱子全书（第17册）》，上海、合肥：上海古籍出版社、安徽教育出版社2010年版，第3358页。

④ 《濂溪学案》，见〔清〕黄宗羲、全祖望：《宋元学案》，陈金生、梁运华点校，北京：中华书局1986年版，第532页。

(1040—1092)、张绎（1071—1108）、吕希哲（1036—1114）、许景衡（1072—1128）、刘安节（1068—1116）、杨迪（1055—1104）、鲜于侁（1018—1087）、朱光庭（1037—1094）、田述古（1029—1098）、吕希哲（1036—1114）、周行己（1067—1125）、许景衡（1072—1128）、刘安节（1068—1116）等，皆在北宋末年去世。唯独杨时（1053—1135）、尹焞（1061—1142）、侯仲良（生卒年不可考，但可考的是他仍活跃于南宋初期）、邵伯温（1055—1134）、陈渊（？—1145）、罗从彦（1072—1135）及王苹（1081—1153）等跨越两宋，且多数弟子在宋室南渡后十余年内去世。程颐是在洛学学禁中去世的，之后洛学陷于萧条，急待后学振兴，然大批弟子的去世，使洛学几乎处在失传的局面，只得依靠几位年迈的弟子来维持局面，宋室南渡之后，洛学依靠杨时、尹焞等少数弟子领袖师门，不遗余力地提振洛学。

### 4. 弟子传承地域性特征明显

二程弟子的地域分布广泛，主要在河南、陕西、福建、浙江、河北等地。尤其以河南、福建弟子居多。洛学虽在二程在世时，屡遭学禁，但仍由从学的四方弟子在家乡收徒讲学，使其道脉相沿，源远流长，真德秀说：

> 二程之学，龟山得之而南传之豫章罗氏，罗氏传之延平李氏，李氏传之朱氏，此其一派也；上蔡传之武夷胡氏，胡氏传其子五峰，五峰传之南轩张氏，此又一派也；若周恭叔、刘元承得之为永嘉之学，其源亦同自出。然朱、张最得其宗。①

全祖望总结道：

---

① 〔南宋〕真德秀：《西山读书记》卷三十一，见《影印文渊阁四库全书（第705册）》，台北：台湾商务印书馆1986年版，第105页。

> 洛学之入秦也以三吕，其入楚也以上蔡司教荆南，其入蜀也以谢湜、马涓，其入浙也以永嘉周、刘、许、鲍数君，而其入吴也以王信伯。①

二程之学的传承，全祖望的总结更为全面，而真德秀则概括出洛学传承的三个显学即道南学派、湖湘学派和永嘉学派，此三派的命名皆以地域。道南学派与湖湘学派都注重哲学义理的发挥，而永嘉却以事功而扬名。每一个地域性学派都在二程的基础上有所修正或创新。尤其是在宋室南渡以后，洛学的传承主要靠亲炙弟子杨时和私淑弟子胡安国，二者门人弟子蔚为壮观，堪称南渡后的显学。

### 5. 弟子来源以进士和官宦居多，与政治的关系复杂

在可考的程门弟子中，弟子身份以进士、官宦居多，这也成为朱熹批评洛学不振的一大缘由。朱子《伊洛渊源录》收录洛学弟子42人，他对程门弟子评论道："门人多出仕宦四方，研磨亦少。杨龟山最老，其所得亦深。"② 朱熹此说不是空穴来风，通过对二程弟子的从政与否以及途径的统计，二程弟子中通过科举考中进士或以恩荫进入仕途，或者通过布衣征召做官的就达三四十人，一生不仕的则在少数，从政与为学虽然并不矛盾，如程门"四大弟子"皆有从仕的经历，学问则精进有余，但不可否认的是，程门的弟子中有的沉迷于科举和仕途，有的是借洛学之名图个人私利，如胡安国所描述的当时的情形："虽崇宁间曲加防禁，学者私相传习，不可遏也。其后颐之门人如杨时、刘安节、许景

---

① 《震泽学案》，见〔清〕黄宗羲、全祖望：《宋元学案》，陈金生、梁运华点校，北京：中华书局1986年版，第1047页。

② 〔南宋〕朱熹：《朱子语类》卷一百零一，见朱杰人、严佐之、刘永翔主编：《朱子全书（第17册）》，上海、合肥：上海古籍出版社、安徽教育出版社2010年版，第3358页。

衡、马伸、吴给等，稍稍进用，于是传者浸广，士大夫争相淬励，而其间志于利禄者，托其说以自售，学者莫能别其真伪，而河洛之学几绝矣。自是服如儒冠者，以伊川门人妄自标榜，无以屈服士人之心，故众论汹汹，深加诋诮。夫有为伊洛之学者，皆欲屏绝其徒，而乃上及于伊川。"① 以此可见部分弟子投入洛学门下，并非是为了学术，而是趋炎附势，以获名利。如程门弟子郭忠孝"自党事起，不与先生往来，及卒，亦不致奠"②。程颐去世时，门人弟子畏党祸，只有四人送葬："先生之丧，洛人畏入党，无敢送者，故祭文惟张绎、范域、孟厚及焞四人。乙夜，有素衣白马至者视之，邵溥也，乃附名焉。盖溥亦有所畏而薄暮出城。"③ 门人弟子多有从政，亦为洛学与政治的纠葛不清埋下伏笔。

## 6. 弟子所记二程语录版本繁多，参差不齐

二程弟子在问学二程及在二程去世后，以各自所学、所闻，对二程语录进行记载和整理。杨时著有《二程粹言》，侯师圣著有《雅言》，游酢著有《师说》，吕大临著有《东见录》，等等，其他弟子则在其著作中大量引用二程语录，朱子说：

> 当时记录既多，如《遗书》《外书》《雅言》《师说》《杂说》之类，卷帙浩繁，读者不能骤窥其要。④

---

① 〔南宋〕朱熹：《伊洛渊源录》卷四，见朱杰人、严佐之、刘永翔主编：《朱子全书（第12册）》，上海、合肥：上海古籍出版社、安徽教育出版社2010年版，第974页。

② 〔南宋〕朱熹：《伊洛渊源录》卷四，见朱杰人、严佐之、刘永翔主编：《朱子全书（第12册）》，上海、合肥：上海古籍出版社、安徽教育出版社2010年版，第971页。

③ 〔南宋〕朱熹：《伊洛渊源录》卷四，见朱杰人、严佐之、刘永翔主编：《朱子全书（第12册）》，上海、合肥：上海古籍出版社、安徽教育出版社2010年版，第974页。

④ 〔清〕永瑢等编：《程氏粹言》提要，见《影印文渊阁四库全书（第698册）》，台北：台湾商务印书馆1986年版，第20—21页。

朱子认为当时语录版本繁多，以至无法把握要旨。实际上，在程颐在世时，弟子尹焞曾以朱光庭所抄的《伊川语》向程颐问询，伊川有"某在何必读此书，若不得某之心，所记者徒彼意耳"①之语，可见，程颐在世时，所传已颇失其真。《四库全书》记载：

  自程子既殁以后，所传语录，有李吁、吕大临、谢良佐、游酢、苏昞、刘绚、刘安节、杨迪、周孚先、张绎、唐棣、鲍若雨、邹柄、畅大隐诸家，颇多散乱失次，且各随学者之意，其记录往往不同。②

由此可以看出，二程弟子对二程语录的记载是呈现出多样性和复杂性的。朱子对二程弟子所记也评价道："游录语慢，上蔡语险，刘质夫语简，李端伯语宏肆，永嘉诸公语絮也"③，朱子对二程弟子所记语录皆评价不高，可看出弟子在记载《二程语录》时的不一和复杂。

至于《河南程氏外书》，亦二程门人所记，朱子综合朱光庭、陈渊、李参、冯忠恕、罗从彦、王苹、时紫芝七家所录、所记，以及胡安国、游酢家本及《建阳大全》集印本三家，还包括传闻杂记，共一百五十二条，进行相互校对，编为十二篇，而这都是《二程遗书》所没有收录的。《朱子语录》尝谓其"'记录未精，语意不圆。而终以其言足以警切学者，

---

 ①〔南宋〕朱熹：《尹和靖手笔辩》，载《晦庵先生朱文公文集》卷七十二，见朱杰人、严佐之、刘永翔主编：《朱子全书（第24册）》，上海、合肥：上海古籍出版社、安徽教育出版社2010年版，第3458页。

 ②〔清〕永瑢等编：《二程遗书》提要，见《影印文渊阁四库全书（第698册）》，台北：台湾商务印书馆1986年版，第21页。

 ③〔南宋〕朱熹：《朱子语类》卷九十七，见朱杰人、严佐之、刘永翔主编：《朱子全书（第17册）》，上海、合肥：上海古籍出版社、安徽教育出版社2010年版，第3261页。

故并收入传闻杂记中，无所刊削'，其编录之意，亦大略可见矣。"①从朱子编写的实际情况可以看出，当时二程语录繁多，使学者难以取舍，但因其言可以启示学者，故亦收录。需要指出的是，在二程弟子所编的《二程语录》中，杨时所编《二程粹言》乃其自洛归闽时综合二程门人所记师说，采摄编次，分为十篇。朱子对此评价甚高，曰："程氏一家之学，观于此书，亦可云思过半矣。"② 二程弟子对二程语录的各自记载，造成后学分辨真假、择取语录的困难，故朱子在重振洛学时做的第一项工作就是对二程著作进行辨别和整理，以求重塑正统。

### 7. 二程弟子不喜著述且多数著作不存

二程兄弟皆不重视著书立说，程颐曾对弟子杨时说："勿好著书，著书则多言，多言则害道"③，程颐不是绝对地反对著书，而是反对以此为务，以至多言害道。师之所主，弟子影从，二程的这一主张无疑深深影响弟子的治学，门人弟子多不勤著述，且仅有的著述也因种种原因，佚失不存。如杨时的《论语解》、谢良佐的《论语解》、尹焞的《论语说》、侯仲良的《论语说》、罗从彦的《论语师说》、郭忠孝的《易解》《中庸说》等皆不存，这无疑给研究程门弟子带来文本的困难。

综上，二程弟子的这些"家族相似性"有助于我们从一个侧面理解程门弟子作为一个道学群体的学术特质，也利于我们分析和把握他们思想的生成与分化。

---

① 〔清〕永瑢等编：《二程外书》提要，载《四库全书总目》子部卷九十二，见《影印文渊阁四库全书（第698册）》，台北：台湾商务印书馆1986年版，第21页。

② 〔清〕永瑢等编：《二程外书》提要，载《四库全书总目》子部卷九十二，见《影印文渊阁四库全书（第698册）》，台北：台湾商务印书馆1986年版，第21页。

③ 〔南宋〕朱熹：《朱子语类》卷九十七，见朱杰人、严佐之、刘永翔主编：《朱子全书（第17册）》，上海、合肥：上海古籍出版社、安徽教育出版社2010年版，第3277页。

# 二程门人叙述

## 鲍若雨

鲍若雨，其资料所存不多。字商霖，浙江永嘉人。学者称为"敬亭先生"。年少时与乡人十数人从程颐问学，同门张绎评价其从学程颐时道："商霖从学伊川先生，勤苦自励，早夜不息，为同门之畏友。"① 可见其人品和学行。《万姓统谱》记载："其见称于伊洛诸儒若此，后居乡，值宣和方寇之乱，率乡人捍御，有司奏功第一，不受赏擢，会三舍法行，尝两贡该免郡上之，至汴京，未拜命，卒。"② 鲍若雨归乡之后，正逢方腊作乱，积极率领乡民抵御，有司衙门上表其功，他力辞不受。在"三舍法"行时，他到京师，还未除官，即病卒。另据清光绪年间《永嘉县志》载："宣和辛丑，睦寇啸聚，明年三月鲍若雨病于京师。"③

---

① 《周许诸儒学案》，见〔清〕黄宗羲、全祖望：《宋元学案》，陈金生、梁运华点校，北京：中华书局1986年版，第1142页。
② 〔明〕凌迪知：《万姓统谱》卷八十四，见《文渊阁四库全书（第957册）》，台北：台湾商务印书馆1986年版，第233页。
③ 〔清〕孙衣言：《瓯海轶闻》，张如元校笺，上海：上海社会科学院出版社2005年版，第64页。

宣和辛丑即为1121年，可知鲍若雨于1122年去世。鲍若雨著作有《伊川答问录》《敬亭集》等。其中《敬亭集》已经不存，但《宋元学案》尚辑有数条内容，以此可见鲍若雨的思想。他说："人之初生，仁固已存乎其中。及其既生也，幼而无不知爱其亲，长而无不知敬其兄，而仁之用于是见乎外。当是时，惟知爱敬而已，固未始有事物之累。及夫情欲窦于中，事物诱于外，事物之心日厚，爱敬之心日薄，本心失而仁随丧矣。故圣人教之以务本，而曰孝弟为仁之本，盖谓为仁者必本于孝弟。先生曰：'如此寻究甚好'"①，在此段中，鲍敬亭坚持传统儒家的观点，认为"仁"是人与生俱来的，在初生之时，皆知爱亲敬长，但由于受后天物欲的诱惑，人之初心随即丧失，这也就是圣人教人要从本源着手，这实际上是对孟子之意的阐发，故受到程颐的赞赏。对此，他又进一步解释道："身者，资父母血气以生者也。尽其道，则能敬其身，敬其身，则能敬其父母矣。故曰'尽其道，谓之孝弟'。"② 他认为人之发肤，是受之于父母的，只有尽孝道，才能敬己身，敬己身才能去孝敬父母。从这些只言片语中可以看出，鲍敬亭的思想是保持了传统儒家的本色的。

**附：《二程集》所见答问**

（1）《答鲍若雨书并答问》

颐咨。诸君处，常问知动止。忽领惠书，审已安康，其慰可知。颐如常，不烦见念。示及所疑，百忙中谢君告行，不暇周悉，略奉答，思之可也。祥夏，千百善爱。五月十日，颐咨鲍君秀才。

---

① 《周许诸儒学案》，见〔清〕黄宗羲、全祖望：《宋元学案》，陈金生、梁运华点校，北京：中华书局1986年版，第1142页。
② 《周许诸儒学案》，见〔清〕黄宗羲、全祖望：《宋元学案》，陈金生、梁运华点校，北京：中华书局1986年版，第1143页。

疑难六，谨写拜呈，伏乞详赐指谕。若雨拜覆。

佛氏轮回之说，凡为善者死，则复生为善人，为恶者死，则变而为禽兽之类。虽无此实应，窃恐有此理。何则？凡禀冲气以生者，未始不同。圣人先得人之所同者而践履之，故能保全太和。至死，其气冥会于中和之所，造化之中，自然有复生为人之理。愚者平居作恶，而冲气已丧。至死，其气则会于缪戾之所，造化之中，自然有为禽兽之理。故曰恐有此理也。

子曰："未知生，焉知死"，知生则知死矣，能原始则能要终矣。

易曰："阴阳不测之谓神"，又曰："神妙万物而为言"，观此，则佛氏所谓鬼神者妄矣。然祖考来格，敬鬼神而远之之说，则似乎有佛氏所谓。意者，气类感应处，便是来格，但当至诚，不当亵近，近得却有也。不知此说如何？

潜心久当自明。

孟子曰："其为气也，至大至刚；以直养而无害，则塞于天地之间。"尝谓凡人气量窄狭，只为私心隔断。苟以直养而无害，则无私心。苟无私心，则志气自然广大，充塞于天地之间。气象自可以意会而莫能状者，此所谓难言也。或谓塞于天地之间，只是到处去得，此言似无气味。

如是涵养。

乐正子见孟子，孟子曰："子亦来见我乎？"观此一篇，都无圣人气象。或谓乐正子从子敖，有激而云，不得不然。

此无疑，真孟子之言。

"今之成人者何必然？见利思义，见危授命，久要不忘平生之言，亦可以为成人矣。"此言是子路说耶？孔子说耶？

仲尼言。

孟子曰："不孝有三，无后为大。"所谓二不孝何如？说者谓陷父于不义,与家贫亲老,不求禄仕,窃恐不然。

何以知不然?所谓禄仕,凡所以养皆同。(《二程文集》卷九,第617—618页。)

(2) 温州鲍若雨商霖与乡人十辈,久从伊川。一日,伊川遣之见先生。鲍来见,且问:"尧、舜之道孝弟而已矣,如何?"先生曰:"贤懑,只为将尧、舜做天道,孝弟做人道,便见得尧、舜道大,孝弟不能尽也。孟子下个而已字,岂欺我哉?《孝经》:'事父孝,故事天明;事母孝,故事地察。'只为天地父母只一个道理。"诸公尚疑焉,先生曰:"《曲礼》视于无形,听于无声,亦是此意也。"诸公释然,归以告伊川。伊川曰:"教某说,不过如是。"次日,先生见伊川,伊川曰:"诸人谓子靳学,不以教渠,果否?"先生曰:"某以诸公远来依先生之门受学,某岂敢辄为他说。万一有少差,便不误他一生?"伊川领之。(《河南程氏外书》卷十二,第435页。)

## 畅大隐

畅大隐,字潜道,河南洛阳人。程颐弟子。《河南程氏遗书》第二十五卷为其所记。事迹不详。《宋元学案补遗》曾记载两条语录①。

(1) 以有心息念,则愈纷扰;一寓诸敬,则俱无事。

(2) "虑而后能得",得者,对失之名。人为利欲沈涸,若失之者,学者能虑而得之。然所谓得,亦何所得哉!

---

① 〔清〕王梓材、冯云濠:《宋元学案补遗》,杨世文、舒大刚等校点,北京:人民出版社2012年版,第1194页。

**附：《二程集》所见答问**

（1）畅大隐许多时学，乃方学禅，是于此盖未有所得也。(《河南程氏遗书》卷二上，第38页。)

（2）官婢行酒，畅大隐力拒之，先生闻而不善之也。(《河南程氏外书》卷十一，第416页。)

# 畅中伯

畅中伯，程颐弟子，事迹不详。

**附录《二程集》所见答问**

畅中伯问："密云不雨，自我西郊。"曰："西郊阴所，凡雨须阳倡乃成，阴倡则不成矣。今云过西则雨，过东则否，是其义也。所谓'尚往'者，阴自西而往，不待阳矣。"(《河南程氏遗书》卷二十二上，第296页。)

# 陈经正

陈经正，字贵一，浙江温州平阳人。约生活于北宋后期（约1068—约1125）。与弟弟陈经邦、陈经德、陈经郛同为程颐弟子。学成归乡之后，在家乡建南雁会文书院，收徒讲学，传播伊洛之道，将二程之学带入平阳。故全祖望说："平阳学统始于先生"①，孙衣言在《瓯海轶闻》

---

① 《周许诸儒学案》，见〔清〕黄宗羲、全祖望：《宋元学案》，陈金生、梁运华点校，北京：中华书局1986年版，第1143页。

中也说:"吾温既僻在海滨,平阳又下邑,而学之久兴,陈氏兄弟能……不远千里学于北方,得大儒以为依归,平阳之学由是兴焉。"① 朱熹在去福建的路上,经过平阳,应邀到会文馆讲学,题写"会文书院"。陈经正的另一贡献是将四川人谢湜引荐给程颐,因谢湜多次求见程颐不得见,最终经陈经正引荐,使程颐收其为弟子。陈经正的文集大多佚失,仅存有《游南雁》《会文阁记》。②

## 游南雁

雨晴华表插天孤,雾散丹霞落雁湖。洞窈不知红日过,峰危倩得白云扶。仙家莫漫夸蓬岛,天地分明入画图。山鸟罔知人未醒,隔林款款唤提壶。

## 会文阁记

凡物交错而文生:风行水上,为波之文;丹青相杂,为色之文。仰而观之,日月星辰,天之文也;俯而察之,山川草木,地之文也。晦明隐耀,高下夭乔,其皆交错以成之者乎?惟人亦然,入而父子、兄弟、夫妇,出而君臣、朋友、长幼,视其日用、动静、语默间欢然以相爱者,虽无意于为文,而其文岂非交错而然乎?而独问学讲贯之勤,以见其为文。故孔围之所以为文,自"夫敏而好学,不耻下问"得之。而吾曾子亦云:"以文会友,以友辅仁。"

盖尝思之:人之情莫密乎朋友,莫乐乎切磋琢磨之益,其开心见诚,握手商论,而真心实意,轩豁呈露。是以"时习""朋来"之说乐,载于《鲁论》之首;而"丽泽,兑;君子以朋友讲习"著

---

① 〔清〕孙衣言:《重修宋儒陈先生墓记》,见吴明哲:《温州历代碑刻二集(下)》,上海:上海社会科学院出版社2006年版,第1151—1152页。

② 潘猛补编:《温州历史文选》,北京:作家出版社1998年版,第30—31页。

于《大易》之书。盖其文生于交际之余,而古之圣贤尤所爱重焉者。但非锦绣綦组之工、丹青绘画之色、吹弹敲击之乐,所能喻也。

邦自髫龀读书,晚而不倦。虽识见不及于前时,而嗜好有甚于初心,孜孜矻矻,废食忘寝,殆若狂然。家人僮仆皆以痴目之,不自知其为癖也。又如是而益甚,家人益之以厌。于是谋于家居之前,创为书阁,且欲远于家务,庶免家人之所讥议。

阁告成,尝试以"会文"名之。而又凿沼于其前,开圃于其侧。环山屏列乎左右,带水潆绕乎东西。日与诸友登临于此,以读书缀文为事。休则凭阑寓目,畅气舒怀,一觞一咏,自有余乐。且与诸友而言之曰:"而所谓会文者,其取胸中邪?其取诸人也?其亦耳剽目窃于简册中邪?"言未既,有笑于列者曰:"君何欺余哉?人与己一理也,胸中、简册非二物也。融物我,剖藩篱,人己何所择?得鱼兔,忘筌蹄,胸中、简册何所拘?文固文矣,混而同之,合而一之,兹其所以为会文也欤?犹之眼、色合为见,色虽去而视自存;耳、声合为闻,声虽希而听自明。是非所以累,是故所以相生也。"于是欣然援笔记之。时崇宁三年,岁在甲申三月壬子也。

此记主要记述当年居阁读书之盛事,从而阐明以文会友、有友辅仁的儒学宗旨。《二程集》记载有其与程颐的问答记录一条。

陈经正问曰:"据贵一所见,盈天地间皆我之性,更不复知我身之为我。"伊川笑曰:"他人食饱,公无馁乎?"[①]

---

[①] 〔北宋〕程颢、程颐:《河南程氏外书》卷十一,见〔北宋〕程颢、程颐:《二程集》,王孝鱼点校,北京:中华书局,第413页。

陈经正认为天地万物皆与我为一,因此我便不知我身,程颐亦反驳道,难道别人吃饱饭了,你就不饿了吗?这显然对他的观点是不认同的,后来朱子亦对此加以批驳。①

**附:《二程集》所见答问**

(1) 陈贵一问:"人之寿数可以力移否?"曰:"盖有之。"棣问:"如今人有养形者,是否?"曰:"然,但甚难。世间有三件事至难,可以夺造化之力:为国而至于祈天永命,养形而至于长生,学而至于圣人。此三事,功夫一般分明,人力可以胜造化,自是人不为耳。故关朗有'周能过历,秦止二世'之说,诚有此理。"(《河南程氏遗书》卷二十二上,第291页。)

(2) 贵一问:"'与于诗'如何?"曰:"古人自小讽诵,如今人讴唱,自然善心生而兴起。今人不同,虽老师宿儒,不知诗也。'人而不为周南、召南',此乃为伯鱼而言,盖恐其未能尽治家之道尔。欲治国治天下,须先从修身齐家来。不然,则犹'正墙面而立'。"(《河南程氏遗书》卷二十二上,第293页。)

(3) 贵一问:"日月有明,容光必照。"曰:"日月之明有本,故凡容光必照;君子之道有本,故无不及也。"(《河南程氏遗书》卷二十二上,第288页。)

(4) 贵一问:"齐王谓时子欲养弟子以万钟,而使国人有所矜式,

---

① 朱熹说:"满腔子是恻隐之心,此是就人身上指出,此理充塞处最为亲切,若于此见得即万物一体,更无内外之别,若见不得,却去腔子外寻不见,即莽莽荡荡,无交涉矣。"陈经正云:"我见天地万物皆我之性,不复知我身之所为我矣。"伊川先生曰:"他人食饱,公无馁乎?"正是说破此病。《知言》亦云:"释氏以虚空沙界为己身,而不敬其父母,所生之身,亦是说此病也。"〔南宋〕朱熹:《晦庵先生朱文公文集》卷四十三,见朱杰人、严佐之、刘永翔主编:《朱子全书(第25册)》,上海、合肥:上海古籍出版社、安徽教育出版社2010年版,第1971页。

孟子何故拒之？"曰："王之意非尊孟子，乃欲赂之尔，故拒之。"（《河南程氏遗书》卷二十二上，第283页。）

（5）陈经正问曰："据贵一所见，盈天地间皆我之性，更不复知我身之为我。"伊川笑曰："他人食饱，公无馁乎？"（《河南程氏外书》卷十一，第413页。）

# 陈经邦

陈经邦（1066—1140），字贵叙，一作贵新，在陈氏四兄弟中，排行老二，大观三年（1109年）进士，授迪公郎，娶瑞安鲍若雨胞妹为妻，终年七十五岁。崇宁甲申年（1104年）于家居前建会文阁。其所存著作不多，仅录如下，以见其文。

### 南雁山

老从神武挂尘冠，要与傍人分碧山。
阵落风前排集雁，影翻日下舞双鸾。
云关隔断尘寰杳，月牖光通宇宙宽。
安得此身生羽翼，朗吟飞过万峰间。

### 游福建瑞岩寺

海上有名岩，灵异夙所仰。
偶然作薄游，遂尔惬遐赏。
云林散清影，风泉递微鏧。
怪石耸虎豹，净土绝魍魉。
危亭与飞阁，仙圣负来往。
投寺日已晦，我马暂解鞍。

> 侵晨蹑云梯，渐跻崖以上。
> 海窎澄而深，一酌万虑爽。
> 石门多险邃，洞室半幽敞。
> 振衣千仞台，益觉心目广。
> 江山相映带，百里豁如掌。
> 遥天接汗漫，薄暮穷苍莽。
> 蓬瀛如可求，濠濮焉足想。
> 悠然物外情，能不愧尘网。

**附：《二程集》所见答问**

陈经邦问："《诗说》言唐、魏已变先代之风，又言先圣流风遗俗尽，故次以陈，两意似不异，何以分先后？"先生曰："圣人之都，风化所厚；圣人之国，典法所存。唐、魏，圣人之都，其风虽变，而典法尚在。陈，舜之后，圣人之国，亦被夷狄之风，则典法随而亡矣。三代之后，有志之士，欲复先生之治而不能者，皆由典法不备。故典法尚存，有人举而行之，无难矣。"（《河南程氏外书》卷十一，第418页。）

# 陈经德

在"四陈"之中，陈经正、陈经邦最为有名。而陈经德、陈经郛为陈经正之弟。全祖望认为此两人只是私淑洛学，而非及门弟子。但王梓材提出异议，他认为根据温州府旧志，经正与弟经邦、经德、经郛等皆受业二程之门，《儒林宗派》也认为两者为及门弟子，同乡许景衡亲见诸陈，亦主张他们为二程弟子，而非私淑。故在此遵从《儒林宗派》等的意见，认定陈经德为程门弟子。陈经德事迹不详，曾让许景衡为其父作墓志铭。

## 陈经郛

陈经郛，浙江平阳人，程颐弟子，曾登进士第。只知其为陈经正之弟，资料不存。

## 戴　述

戴述（1074—1110），字明仲，浙江永嘉人。是刘安上的妹婿，元符三年（1100年）进士，与其弟戴讯合称"大小戴"，与其弟著作合为《二戴集》。少工于文，聪明颖慧，日诵数千言，为文操笔立成。参加广文馆考试，宰相赵挺之获阅其卷，大为赞赏，擢为异等，以为是老成之儒，而实际上戴述尚未满二十岁，自此名震京师。中进士后，调婺州东阳县主簿，不愿意担任簿监等官，欲辞职回乡，不准。作赋《归去来》十首而走，时人多挽留，戴述说："仕宦顾当择地尔！"归家奉养双亲，闭门读书，不问世事。后逢朝廷遴选州学官，起为临江教授，学者云集。守父丧时，在父亲墓旁筑草屋，极尽哀伤。再守母丧时，依然在母亲墓旁筑草屋守丧，不久生病，请其入屋休养，戴述不许，坚持六天而卒，可见其孝顺至极。年仅三十七。曾在温州创东山书院，传至清代。有子戴溪、戴栩。周行己为其作《戴明仲墓志铭》，说道："明仲资禀刚明，少而有立。既从程氏问学，知圣人之道近在吾身，退而隐，于心若有自得，方沈涵充积，日进不已。……明仲不惑于老释阴阳之说……守礼经而弗移。"①

## 杜　纯

　　杜纯（1032—1095），字孝锡，山东濮州人，《宋史》有传，晁补之《鸡肋集》有《杜纯行状》。父亲为杜彭寿，尚书虞部郎中，因文学、政事显赫一时。杜纯因父荫功补为郊社斋郎。未冠时，崇尚义理，不妄笑言，卓然有成人之操守。元祐元年（1086年），下诏推荐直言之士，枢密范纯仁，门下韩维，尚书王存、孙永都因其才而推荐他，历任泉州司法参军、河北转运判官、鸿胪寺卿、光禄卿、权兵部侍郎、陕西转运使、集贤院学士兼提举崇福宫等，后上书言事，获得王安石赞赏，连获拔擢，熙宁五年（1072年），又因开罪王安石，而被免官。卒年六十四岁。有诗文、奏议二十卷。杜纯为人忠恕不欺，以诚为本，喜好《易经》《中庸》，主张"士不忘在沟壑，则事无不可立"②。同时，杜纯对佛、老之学皆有深究，并说："与吾学同出也。"③ 杜纯与晁补之之父亲交好，并将其女嫁给晁补之为妻。

## 范　冲

　　范冲（1067—1141），字符长，范祖禹长子，四川成都华阳人，擅

---

①　《周许诸儒学案》，见〔清〕黄宗羲、全祖望：《宋元学案》，陈金生、梁运华点校，北京：中华书局1986年版，第1141页。
②　《范吕诸儒学案》，见〔清〕黄宗羲、全祖望：《宋元学案》，陈金生、梁运华点校，北京：中华书局1986年版，第805页。
③　《范吕诸儒学案》，见〔清〕黄宗羲、全祖望：《宋元学案》，陈金生、梁运华点校，北京：中华书局1986年版，第805页。

长史学，为"三范修史"的"三范"①之一。登绍圣进士第，宋室南渡之后，被宋高宗擢升为虞部员外郎、两淮转运副使等官职，绍兴八年（1138年）知婺州，绍兴十年（1140年），范冲病死于婺州。主持重修《神宗实录》《哲宗实录》，撰写《神宗实录》五卷、《辨诬录》，另撰修《范祖禹家传》《范太史遗事》《宰相拜罢录》《要语》及《奏议》等，皆不存。范冲另著有《春秋左氏讲义》四卷。范冲本人乐善好施，他抚育司马光后人，并为司马光编撰《记闻》十卷，并且推举同门弟子尹焞充当经筵。他反对王安石变法，批判蔡京误国之罪，后以龙图阁直学士奉祠。卒年七十五。

# 范季平

范季平，字叔器，生卒年不详，河南洛阳人，程颐弟子。平生史料不详。《梦溪笔谈》曾记载："洛人范季平子孀病瘦累年，浸亦短缩，绍兴六年春卒于临川，才如六七岁儿，亦可怪也。"②《二程集》记载范季平问："'博学而笃志，切问而近思，仁在其中'，如何？"（伊川）曰："仁即道也，百善之首也。苟能学道，道在其中矣。"③

**附录：《二程集》所见答问**

范季平问："'博学而笃志，切问而近思，仁在其中'，如何？"曰："仁既道也，百善之首也。苟能学道，则仁在其中矣。"享仲问："如何

---

① "三范"为范镇、范祖禹、范冲，范祖禹是范镇侄孙，范冲是范祖禹长子，三人皆为宋史专家。
② 胡道静：《梦溪笔谈校证》，上海：上海人民出版社2016年版，第512页。
③ 〔北宋〕程颢、程颐：《河南程氏遗书》卷二十二上，见〔北宋〕程颢、程颐：《二程集》，王孝鱼点校，北京：中华书局1981年版，第283页。

是近思?"曰:"以类而推。"(《河南程氏遗书》卷二十二上,第283页。)

# 范文甫

范文甫,程颐弟子。事迹不详。朱熹在《伊洛渊源录》中亦只列其名,而无任何事迹的描述。

**附:《二程集》所见答问**

(1)范文甫将赴河清尉,问:"到官三日,例须谒庙,如何?"曰:"正者谒之,如社稷及先圣是也。其他古先贤哲,亦当谒之。"又问:"城隍当谒否?"曰:"城隍不典。土地之神,社稷而已。何得更有土地邪?"又问:"只恐骇众尔。"曰:"唐狄仁杰废江、浙闲淫祠千七百处,所存惟吴太伯、伍子胥二庙尔。今人做不得,以谓时不同,是诚不然,只是无狄仁杰耳。当时子胥庙存之亦无谓。"(《河南程氏遗书》卷二十二上,第295—296页。)

(2)范文甫问赵盾弑其君夷皋,又问许世子弑其君买,皆从《传》说。(《河南程氏外书》卷九,第401页。)

(3)范文甫问四象,子曰:"左右前后。"杨中立问四象,子言四方。(《河南程氏外书》卷十一,第411页。)

(4)范文甫问:"韩信得广武君,使东向坐,而西面师事之,是否?"曰:"今则以左为尊,是或一道也。"(《河南程氏遗书》卷二十二下,第302页。)

(5)棣问:"《春秋》书王,如何?"曰:"圣人以王道作经,故书王。"范文甫问:"杜预以谓周王,如何?"曰:"圣人假周王以见意。"

棣又问:"汉儒以谓王加正月上是正朔出于天子,如何?"曰:"此乃自然之理。不书春王正月,将如何书?此汉儒之惑也。(《河南程氏遗书》卷二十二上,第280页。)

# 范 育

范育(?—1095),字巽之,陕西旬邑人,范详之子。宋仁宗时,中进士,除泾阳令,不久便以养亲为由,辞职归家,拜师张载。后以声名获推荐,获皇帝召见,向皇帝建议用《大学》来治理国家,并推荐张载等人。在熙宁三年(1070年)向皇帝上《复田役书》,授崇文院秘书、太子中允、监察御史里行。李定因母丧不报,范育上书弹劾,获罪,被罢免崇文院校书,贬为检正中书户房,坚辞不就,改任韩城县知县。不久,再获提拔,任河中府知府、集贤院学士、秦州知州等。元祐初年,召为太常少卿,改光禄卿,元祐四年(1089年)任枢密都承旨。左司谏刘安世弹劾其闺门不肃,出走京师,任熙州公事,元祐七年(1092年),召为给事中、户部侍郎。宋高宗时,朝廷念他抗论弃地及进筑之策,赠其为宝文阁学士。范育早年从学张载,曾作《正蒙序》,后在张载于1077年去世之后,与吕大临等一起赴洛阳向程颐求学。程颐曾说:"与巽之语,闻而多碍者,先入也。"①

**附:《二程集》所见答问**

(1)巽之凡相见须窒碍,盖有先定之意。和叔据理却合滞碍,而不然者,只是佗至诚便相信心直笃信。(《河南程氏遗书》卷二上,第

---

① 〔北宋〕程颢、程颐:《河南程氏遗书》卷一,见〔北宋〕程颢、程颐:《二程集》,王孝鱼点校,北京:中华书局1981年版,第12页。

27 页。)

（2）子曰："与巽之语，闻而多碍者，先入也。与与叔语，宜碍而信者，致诚也。"（《程氏粹言》卷二，第1235页。）

## 范　械

范械（一作域），生卒年不详，生平事迹所传亦少。河南洛阳人，程颐门人，是在党禁时期送葬程颐的四位弟子之一。

**附：《二程集》所见答问**

尹子曰："先生之葬，洛人畏入党，无敢送者，故祭文惟张绎、范域、孟厚及焞四人。乙夜，有素衣白马至者，视之，邵溥也，乃附名焉。盖溥亦有所畏，而薄暮出城，是以后。"（《河南程氏遗书》附录，第347—348页。）

## 冯　理

冯理，字圣先，河南汝州人，号东皋居士，师从程颐二十余年。所传事迹不多。与同门尹焞交往密切，尹焞曾说："余友圣先每至洛见（伊川）先生，多同处，以讲此道也。"[①] 其子冯忠恕为尹焞弟子。陈易作有墓志铭，尹焞作有《跋冯圣先墓志》《跋冯圣先诗集语》，皆存于《尹焞集》。曾记有与程颐答问一条。

---

① 〔北宋〕尹焞：《跋冯圣先墓志》，载〔北宋〕尹焞：《和靖集》卷四，见《文津阁四库全书（第379册）》，北京：商务印书馆2005年版，第569页。

附：《二程集》所见答问

尹子曰："冯理自号东皋居士"，曰：'二十年闻先生教诲，今有一奇特事。'先生曰：'何如？'理曰：'夜间宴坐，室中有光。'先生曰：'颐亦有奇特事。'理请闻之，先生曰：'每食必饱。'"（《河南程氏外书》卷十一，第414页。）

## 高朝奉

高朝奉，宿州人，程颐弟子，事迹不详。有师生答问一条。《宋元学案》记载："宿州高朝奉述伊川先生尝说'义者，宜也；知者，知此者也；礼者，节文此者也'，皆训诂得尽。惟仁字，古今人训诂不尽，或以谓仁者，爱也。爱虽仁之一端，然喜怒哀惧爱恶欲，情也，非性也。故孟子云'仁者，人也'。"①

## 郭忠孝

郭忠孝（？—1128），字立之，河南洛阳人。兼山学派创始人。郭逵之子，范纯仁女婿。② 以父荫补右班殿直。宋神宗元丰年间进士。因

---

① 《伊川学案》下，见〔清〕黄宗羲、全祖望：《宋元学案》，陈金生、梁运华点校，北京：中华书局1986年版，第649页。

② 郭逵（1022—1088），字仲通，河南洛阳人，北宋名将，官至左武卫大将军、提举崇福官等，累封武功县男，著有《五原集》《闲江集》《节制集》《奏议》《经制集》《对镜图释》等，有子五人，郭忠孝乃其第三子。范纯仁（1027—1101），字尧夫，江苏苏州人，范仲淹次子，历任侍御史、河中知府、给事中、同知枢密院等，著有《范忠宣公集》。

侍亲多仕于河南管库任上，历任将作监主簿、河东路提举、军器少监等职，最后金兵攻陷长安，旁人劝其以监司出巡可以避祸，忠孝不应，遂被害，时年四十六岁，赠太中大夫。嘉祐年间拜程颐为师，受学《中庸》《周易》，作《易说》和《中庸解》，原书已经佚失，思想材料散见于《大易粹言》《厚斋易说》《中庸集说》《宋元学案补遗》等书中。郭忠孝的思想主要以《周易》《中庸》为本，秉承程颐以"义理解经"的传统，推进程颐《易》学的发展，注重对"乾道"的形而上建构，也就是注重对本体的形而上建构。他的思想是程朱之间对程颐之学的传承和发展。全祖望曾说："兼山以将家子，知慕程门，卒死王事。白云高蹈终身，和靖所记党锢后事，恐未然也。郭门之学，虽孤行，然自谢艮斋至黎立武绵绵不绝。"① 在全氏看来，郭忠孝之学虽由其子郭雍继承，但自谢谔、黎立武始，学派则绵绵不绝。我们从陆游的《跋兼山先生易说》中也可见印证全祖望的说法："郭立之从程先生游最久，犹与立之有问答语，著之语录。而尹彦明独谓立之自党论起，即与程先生绝，死亦不致祭，盖爱憎之论也"②，这就是说，郭忠孝是否在党禁兴起之后，为避祸而与程颐断绝往来是有争议的。虽如此，但郭忠孝与其子有"程氏易学，立之父子实传之"③ 的美誉。

**附：《二程集》所见答问**

（1）伊川先生病革，门人郭忠孝往视之，子瞑目而卧。忠孝曰："夫子平生所学，正要此时用。"子曰："道着用便不是。"忠孝未出寝门

---

① 《兼山学案》，见〔清〕黄宗羲、全祖望：《宋元学案》，陈金生、梁运华点校，北京：中华书局1986年版，第1026页。

② 〔南宋〕陆游：《跋兼山先生易说》，见〔南宋〕陆游：《陆游集》，中华书局1976年版，第2237页。

③ 〔南宋〕陆游：《跋兼山先生易说》，见〔南宋〕陆游：《陆游集》，中华书局1976年版，第2237页。

而子卒。(《河南程氏遗书》卷二十一下，第276页。)

(2) 郭忠孝议《易传序》曰："《易》即道也，又何从道？"或以问伊川，伊川曰："人随时变易为何？为从道也。"(《河南程氏外书》卷十一，第411页。)

(3) 郭忠孝每见伊川问《论语》，伊川皆不答。一日，伊川语之曰："子从事于此多少时，所问皆大。且须切问而近思！"(《河南程氏外书》卷十二，第432页。)

## 郝 元

郝元，山西陵川人，程颢弟子，金元之际名儒郝经之六世祖，所传资料不多。郝经曾提及郝元与程颢的关系，他说："尝闻过庭之训，自六世祖某从明道程先生学，一再传至曾叔大父老东轩老，又一再传及某。"① 具体来说，程颢在1067年—1070年间担任山西晋州令的时候，郝元拜师门下。在晋期间，"宋儒程颢尝令晋城，以经旨授诸士子，古泽州之晋城、陵川、高平，往往以经学名家，虽事科举，而六经传注皆能成诵，耕夫贩妇，亦耻谣诼而道文理，遂与齐鲁共为礼义之俗而加厚焉。"② 以此可见程颢在晋的教学理念以及对郝元的影响。

## 侯仲良

侯仲良，生年不详，卒年在靖康之乱后，活跃在南宋初期，字师

---

① 〔元〕郝经：《与北平王子正先生论道学书》，见〔元〕郝经：《郝文忠公陵川文集》，秦雪清点校，太原：山西人民出版社、山西古籍出版社2006年版，第337页。

② 〔元〕郝经：《先曾叔大父东轩老人墓铭》，见〔元〕郝经：《郝文忠公陵川文集》，秦雪清点校，太原：山西人民出版社、山西古籍出版社2006年版，第498页。

圣，祖籍山西太原盂县，陕西华阴人。仲良父侯可（1008—1079），字无可，为二程亲舅。侯可"少时倜傥不羁，以气节自喜"①。成年后，他尽弃前好，而笃志为学，博览群书，贯涉万类。终成一位"声闻四驰"的饱学之士。程颐在《闻舅氏侯无可应辟南征诗》中盛称其才能："人称孔子生关西，宏才未得天下宰，良谋且作军中师"②。程颢称其学为"华学"。宋元丰二年（1079年），侯可病逝，官至殿中丞，葬于华阴县保德乡。据程颢撰《华阴先生侯可墓志铭》载，侯可有二子，长名孚，次名淳。多方资料表示，仲良为其子无疑，"淳""良"同训，故仲良可能本名淳，排行第二，以字行。侯仲良继承其父"华学"理论，又融合两位表兄二程的"洛学"学说。仲良初从程颐学，但在程颐处求学"未悟"，乃策杖拜访周敦颐。靖康元年（1126年），侯仲良为避难南下至荆州，胡安国遣胡宏兄弟前往从学，他评其道："侯某去春自荆门溃卒甲马之中脱身，相就于漳水之滨，今已两年。安于羁苦，守节不移，固所未有，至于讲论经术，则通贯不穷，商确时事，则纤微皆察。"③ 胡安国认为侯仲良品格坚毅，坚守品节，且学问通贯，精察时事。他还到福建延平，与罗从彦、李侗相见。李侗始看《左传》，赖其一言。④ 对于其学术思想，程颐说道："侯子议论只好隔壁听。"⑤ 朱子论道："侯师圣太

---

① 〔北宋〕程颢、程颐：《二程文集》卷四，见〔北宋〕程颢、程颐：《二程集》，王孝鱼点校，北京：中华书局1981年版，第504页。

② 〔北宋〕程颢、程颐：《二程文集》卷八，见〔北宋〕程颢、程颐：《二程集》，王孝鱼点校，北京：中华书局1981年版，第590页。

③ 《刘李诸儒学案》，见〔清〕黄宗羲、全祖望：《宋元学案》，陈金生、梁运华点校，北京：中华书局1986年版，第1067页。

④ 据《朱子语类》载："李先生好看《论语》，自明而已。谓孟子早是说得好了，使人爱看了，其居在山间，亦殊无文字看，读辨正更爱看春秋左氏。初学于仲素只看经，后侯师圣来沙县，罗邀之至，问伊川如何看？云：亦看《左氏》，要见曲折，故始看左氏。"（〔南宋〕黎靖德编：《朱子语类》，王星贤点校，北京：中华书局1986年版，第2601页。）

⑤ 《刘李诸儒学案》，见〔清〕黄宗羲、全祖望：《宋元学案》，陈金生、梁运华点校，北京：中华书局1986年版，第1067页。

粗疏，李先生甚轻之。来延平看亲，罗仲素往见之，坐少时不得，只管要行，此亦可见其粗疏处。"① 从后人的评价中，可见侯仲良在个人气节上是受人尊重的，晚年颠沛流离而贫病交加时，依然"安于籍古，守节不移"，而在学问上则褒贬不一，这与学者的角度立场是有关联的。侯仲良的主要著作有《雅言》《中庸解》《论语说》《孟子解》等，《雅言》尚存，《中庸解》则散见在于卫湜的《礼记集说》，《论语说》和《孟子解》则存于朱熹的《论孟精义》。

## 附一：《二程集》所见答问

（1）侯仲良侍坐，语及牛李朋党事。子曰：作成人材难，变化人才易。元丰诸人，其才皆有用，系君相变化之耳。凡人之情，岂甘心以小人自为也？在小人者用之。于君子，则其为用未必不贤于今之人也。（《程氏粹言》卷一，第1218页。）

（2）侯仲良曰："夫子在讲筵，必广引博喻，以晓人主。"一日，讲既退，范尧夫揖曰："美哉！何记忆之富也？程子对曰：以不记忆也。若有心于记忆，亦不能记矣。"（《程氏粹言》卷一，第1197页。）

（3）侯子议论，只好隔壁听。（《河南程氏外书》卷十一，第417页。）

（4）伊川先生将属纩时，顾谓端中曰："立子。"盖指其适子端彦也，语绝而没。既除丧，明道之长孙昂，自以当立，侯师圣不可。昂曰："明道不得入庙耶？"师圣曰："我不敢容私。明道先太中而卒，继太中主祭者伊川也。今继伊川，非端彦而何？"议始定。或谓师圣曰："明道既死，其长子不当立乎？"曰："立庙自伊川始。又明道长子死已久。况古者有诸侯夺宗、庶姓夺嫡之说，可以义起矣。况立庙自伊川始

---

① 〔南宋〕黎靖德编：《朱子语类》，王星贤点校，北京：中华书局1986年版，第2557页。

乎。"（《河南程氏外书》卷七，第396—397页。）

（5）程子与侯仲良语及牛、李事，因言温公在朝，欲尽去元丰间人。程子曰："作新人才难，变化人才易。今诸人之才皆可用，且人岂肯甘为小人，在君相变化如何耳。若宰相用之为君子，孰不为君子？此等事教他们自做，未必不胜如吾曹。"仲良曰："若然，则无绍圣间事也。"（《河南程氏外书》卷七，第392页。）

附二：《朱子语类》所见评论①

（1）胡氏记侯师圣语曰："仁如一元之气，化育流行，无一息间断。"此说好。

（2）李先生云："侯希圣尝过延平，观其饮啖，粗疏人也。"

# 贾 易

贾易，字明叔，安徽无为县人，程颐弟子。《宋史》有传。大概于1041年前后出生，七岁丧父，由母亲靠织布，赖以度日，其母每日给贾易十钱，使其学习，贾易不忍使用，积攒后仍还给母亲。此事曾入中小学语文教材。正是在这种严酷的境遇下，贾易刻苦自励，终在嘉祐六年（1061年）中进士甲科，历任常州司法参军，太常丞，兵部员外郎，左司谏，怀州、苏州、宣州、邓州等知州，徽宗即位，任太常少卿，右谏议大夫，权刑部侍郎，后入党籍。年七十三而卒。谥文肃。贾易学术、著作皆不得知，一生主要是宦海生涯，曾有著名的"五畏论"。

---

① 〔南宋〕朱熹：《程子门人》，载《朱子语类》卷一百零一，见朱杰人、严佐之、刘永翔主编：《朱子全书（第17册）》，上海、合肥：上海古籍出版社、安徽教育出版社2010年版，第2575页。

天下大势可畏者五：一曰上下相蒙，而毁誉不得其真。故人主聪明壅蔽，下情不得上达；邪正无别，而君子之道日消，小人之党日进。二曰政事苟且，而官人不任其责。故治道不成，万事隳废，恶吏市奸而自得，良民受弊而无告；愁叹不平之气，充溢宇宙，以干阴阳之和。三曰经费不充，而生财不得其道。故公私困弊，无及时预备之计，衣食之源日蹙；无事之时尚犹有患，不幸仓卒多事，则狼狈穷迫而祸败至矣。四曰人材废阙，而教养不以其方。故士君子无可用之实，而愚不肖充牣于朝；污合苟容之俗滋长，背上欺君之风益扇，士气浸弱，将谁与立太平之基。五曰刑赏失中，而人心不知所向。故以非为是，以黑为白，更相欺惑，以罔其上；爵之以高禄而不加劝，僇之以显罚而不加惧，徼利苟免之奸，冒货犯义之俗，将何所不有。①

# 焦 瑗

焦瑗，字公路，山东人氏，生卒年不详，终年应在南宋初期。布衣终身，曾经拜师于程颐门下。为避难，举家迁往浙江鄞州，在此积极传播伊川之学，由是洛学在鄞州得以兴盛。南渡之后，声闻益大，丞相赵鼎大兴洛学，在相继起用尹焞、朱震之后，欲起用焦瑗，其力辞不就，而赵鼎并不忌恨，反倒更加尊重。焦瑗服膺程颐"主敬涵养"之学，居家修容端坐，即使见自己妻儿，亦不懈怠，接人待物，必合乎礼仪，后生晚辈初多不理解，敬而远之，甚至嘲笑于他，而焦瑗不改其志，后渐

---

① 〔北宋〕贾易：《上哲宗论天下大势可畏者五》，见〔南宋〕赵汝愚编：《宋朝诸臣奏议（下）》，北京大学中国中古史研究中心校点整理，上海：上海古籍出版社1999年版，第1713页。

悟其是，知焦瑗之学，过人处甚多，服膺有加，愿附其讲席者不可胜数，始知赵鼎之评价并非虚言。焦瑗去世之后，其弟子恪遵其教，无有改变，但凡有容止庄敬，衣冠端严之士，不问便知是焦瑗弟子。以此可见焦瑗笃学之严。

# 李　参

李参，程颢早期弟子，李吁之弟，河南偃师人，生卒年不详，曾集录有《程氏春秋说》。《河南程氏外书》第四卷为李参所录。李参曾为其兄李吁的《春秋》作序。

# 李处遯

李处遯，字嘉仲，河南洛阳人，事迹不详，与程颐有诸多答问。官至左谏议大夫、中书舍人等职，后为乱兵所杀。

附：《二程集》所见答问

（1）嘉仲问："否之匪人。"曰："泰之时，天地交泰而万物生，凡生于天地之闲者，皆人道也。至否之时，天地不交，万物不生，无人道矣，故曰：'否之匪人。'"（《河南程氏遗书》卷二十二上，第282页。）

（2）嘉仲问："韶尽美矣，又尽善也。"先生曰："非是言武王之乐未尽善，言当时传舜之乐则善尽美，传武王之乐则未尽善耳。"（《河南程氏遗书》卷二十二上，第284页。）

（3）嘉仲问："卦建可行否？"曰："卦建之法，本出于不得已。柳子厚有论,亦窥测得分数。秦法固不善,亦有不可变者,罢侯置守是也。"(《河南程氏遗书》卷二十二上,第291页。)

(4)李嘉仲问:"'裁成天地之道,辅相天地之宜',如何?"曰:"天地之道,不能自成,须圣人裁成辅相之。如岁有四时,圣人春则教民播种,秋则教民收获,是裁成也,教民锄耘灌溉,是辅相也。"又问:"'以左右民'如何?""古之盛时,未尝不教民,故立之君师,设官以治之。周公师保万民,与此卦言'左右民',皆是也。后世未尝教,任其自生自育,只治其斗而已。"(《河南程氏遗书》卷二十二上,第280页。)

## 李处廉

李处廉,程颐弟子,任右宣教郎、永嘉县令,绍兴七年(1137年)九月二十七日,因贪赃一事泄露,下诏送新州编管,没收家财,处以绞刑,成为理学敌对派攻击程颐的一个把柄。其事载于《宋会要辑稿》。李处廉与邵溥被黄宗羲称为:"不称其薪传者,如邵溥之委蛇伪命,李处廉之以墨败。"① 李处廉喜放贷,交结权贵,刊印程颐文集,赠送同朝为官之人,受到称赞,皆谓其学伊川,由此可见李处廉之品行。《建炎以来系年要录》卷一百零八详记此事。

## 李 朴

李朴(1063—1127),字先之,李君行之子,虔州兴国迳口(今江

---

① 《宋元儒学案序录》,见〔清〕黄宗羲、全祖望:《宋元学案》,陈金生、梁运华点校,北京:中华书局1986年版,第6页。

西省兴国县埠头乡凤冈村）人，少有慷慨之志，登绍圣元年（1094年）进士及第，历任西京国子监教授、虔州教授、四会令、改承事郎，知临江军清江县事、广东路安抚司、著作郎、秘书监等职。李朴为官清廉，直言进谏，不为权势所屈服，因直言隆佑太后不当废处瑶华宫事而被停职。后改任秘书监，诏书未至而去世，享年六十五岁，追赠为宝文阁待制。《宋史》有传，著有《章贡集》二十卷不存，《丰清敏遗事》一卷，朱熹为之后序，《千家诗》中辑有其诗作。

李朴拜程颐为师，程颐独器之，评价道："其太直，以洛中风波为戒，朴笑曰'不意此言发于先生之口'，伊川为之改容，愧谢其风节可畏也。"① 由此可见，李朴气节高尚，朱子也评价道："李朴先之，大概是能尊尚道学，但恐其气刚，亦未能逊志于学问。"② 朱子认为其有志于道学，但认为其气节刚直，有损学问。在两宋之际，他为批判王学，复振洛学不遗余力，他说："熙宁、元丰以来，政体屡变，始出一二大臣所学不同，后乃更执圆方，互相排击，失今不治，必至不可胜救。"③ 又言："今士大夫之学不求诸己，而惟王氏之听，败坏心术，莫大于此。愿诏勿以王氏为拘，则英材辈出矣。"④ 李朴与晁景迂交好，晁景迂作有《送李先之归南诗》《再送先之诗》等。

李朴因其著作不存，思想无从考察，《二程集》中记有其向程颐问学的记录一条："李朴（字先之）请教。先生曰：'当养浩然之气。'又问。曰：'观张子厚所作《西铭》，能养浩然之气者也。'"⑤ 可见其关注

---

① 〔元〕马端临：《经籍考》卷六十五，载〔元〕马端临：《文献通考》卷二百三十八，见王云五主编：《万有文库》，上海：商务印书馆1936年版，第1891页。

② 〔南宋〕朱熹：《朱子语类》卷一百零一，见朱杰人、严佐之、刘永翔主编：《朱子全书（第17册）》，上海、合肥：上海古籍出版社、安徽教育出版社2010年版，第3363页。

③ 吴国武：《两宋经学学术编年》，南京：凤凰出版社2015年版，第480页。

④ 吴国武：《两宋经学学术编年》，南京：凤凰出版社2015年版，第480页。

⑤ 〔北宋〕程颢、程颐：《河南程氏外书》卷十一，〔北宋〕程颢、程颐：《二程集》，王孝鱼点校，北京：中华书局1981年版，第358页。

修身之学。《宋史》称其"以天为心，以道为体，以时为用。"① 《宋元学案补遗》记载其语一条如下："《书》道治乱兴衰之迹，故其辞显。《春秋》赏善辨恶归诸正，故其辞微。《易》以四象告吉凶，故其辞深而通。《礼》以齐庄恭敬之心达于笾豆玉帛，故其辞典以严。《诗》以君臣父子之情吹于竹、弦于丝，故其辞婉以顺。下三代而道德之意不传矣。"② 这段语录主要是李朴对经书要旨的看法。

附：《二程集》所见答问

（1）李朴（字先之）请教。先生曰："当养浩然之气。"又问。曰："观张子厚所作《西铭》，能养浩然之气者也。"(《河南程氏遗书》卷六，第93页。)

（2）子谓尹焞鲁，张绎俊。俊，恐他日过之；鲁者终有守也。(《河南程氏外书》卷十一，第411—412页。)

# 李 吁

李吁，字端伯，河南偃师人。生年不详，元祐二年（1087年）去世。登进士第，历任宣德郎，黄陂令，元祐中为秘书省校书郎。曾记二程语一编，号《师说》。程颐赞道："端伯相聚虽不久，未见他操履，然才识颖悟，自是不能已也……明道语录只有端伯本无错，他人多只依说时，不敢改动，或脱忘一两字，便大别。端伯却得其意，不拘言语，往

---

① 吴国武：《两宋经学学术编年》，南京：凤凰出版社2015年版，第480页。
② 〔清〕冯云濠、王梓材：《宋元学案补遗》，杨世文、舒大刚等点校，北京：人民出版社2012年版，第936页。

往录得都是。"① 程颐认为在众多弟子中，他是属于才识高、名卓绝的，且所记程颢语录没有差错。朱子也称，"遗书以李端伯所录最精，故冠之篇首"，"端伯所记则平正"②。在《二程集》中，有两条记录记述其向二程问学。李吁问："临政，无所用心，求于恕何如？"程子曰："推此心行恕可也，用心求恕非也。恕已所固有不待求而后得，举此加彼而已。"③ 二是：李吁问："每常遇事，即能知操存之意，无事时如何存得熟？"曰："古之人耳之于乐，目之于礼，左右起居，盘盂几杖，有铭有戒，动息皆有养，今皆废此，独有义理之养心耳，但存此涵养意久，则自熟矣。"④ 李吁与刘绚同为程门早期弟子，皆先于程颐去世，故朱子惋惜道："可惜端伯、与叔、质夫早丧，使此三人者在，于程门之道必有发明"⑤，从朱子的评语中，可见李吁在程门中的地位。

**附：《二程集》所见答问**

（1）吁曰："此学，不知是本来以公心求之，后有此蔽，或本只以利心上得之？"曰："本是利心上得来，故学者亦以利心信之。庄生云'不恒化'者意亦如此也。如杨、墨之害，在今世则已无之。如道家之说，其害终小。惟佛学，今则人人谈之，弥漫滔天，其害无涯。旧尝问学佛者，'《传灯录》几人？'云'千七百人'某曰：'敢道此千七百人

---

① 《刘李诸儒学案》，见〔清〕黄宗羲、全祖望：《宋元学案》，陈金生、梁运华点校，北京：中华书局1986年版，第1066页。
② 〔南宋〕黎靖德编：《朱子语类》，王星贤点校，北京：中华书局1986年版，第2480页。
③ 〔北宋〕程颢、程颐：《程氏粹言》卷一，见〔北宋〕程颢、程颐：《二程集》，王孝鱼点校，北京：中华书局1981年版，第1211页。
④ 《兼山学案》，见〔清〕黄宗羲、全祖望：《宋元学案》，陈金生、梁运华点校，北京：中华书局1986年版，第1026页。
⑤ 〔南宋〕黎靖德编：《朱子语类》，王星贤点校，北京：中华书局1986年版，第2497页。

无一人达者。果有一人见得圣人"朝闻道夕死可矣"与曾子易箦之理，临死须寻一尺布帛裹头而死，必不肯削发胡服而终。是诚无一人达者。'禅者曰：'此迹也，何不论其心？'曰：'心迹一也，岂有迹非而心是者也？正如两脚方行，指其心曰："我本不欲行，他两脚自行。"岂有此理？盖上下、本末、内外都是一理也，方是道。'"（《河南程氏遗书》卷一，第3页。）

（2）吁问："每常遇事，即能知操存之意，无事时，如何存养得熟？"曰："古之人，耳之于乐，目之于礼，左右起居，盘盂几杖，有铭有戒，动息皆有所养。今皆废此，独有理义之养心耳。但存此涵养意，久则自熟矣。敬以直内是涵养意，言不庄不敬，则鄙诈之心生矣；貌不庄不敬，则怠慢之心生矣。"（《河南程氏遗书》卷一，第7页。）

（3）呜呼！自予兄弟倡明道学，世方惊疑，能使学者视效而信从，子与刘质夫为有力矣。质夫与子为外兄弟，同邑而居，同门而学，才器相类，志尚如一。予谓二子可以大受，期之远到，而半年之间，相继以亡，使予忧事道者鲜，悲传学之难。呜呼！天于斯文，何其艰哉！官制有拘，不克临穴，寄文为奠，以叙其哀。（《祭李端伯文》，载《二程文集》卷十一，第643—644页。）

（4）吁言："赵泽尝云：'临政是事不合著心，惟恕上合著心'，是否？"曰："彼谓著心勉而行恕则可，谓著心求恕则不可。盖恕，自有之理，举斯心加诸彼而已，不待求而后得。然此人之论，有心为恕，终必恕矣。"（《河南程氏遗书》卷一，第9页。）

（5）旧曾看，只有李吁一本无错编者。他人多只依说时，不敢改动，或脱忘一两字，便大别。李吁却得其意，不拘言语，往往录得都是。不知尚有此语。只"刚则不屈"，亦未稳当。（《河南程氏遗书》卷十九，第252页。）

（6）李吁问：临政，无所用心求于恕，何如？子曰：推此心行恕，可也。用心求恕,非也。恕已所固有,不待求而后得,举此加彼而已。(《程氏粹言》卷一,第1211页。)

## 练 绘

练绘,字质夫,建州蒲城县人,大观三年(1109年)登进士第,少同杨时同游于程颐门下,多年为州县小吏,官至奉议郎。与杨时多有书信往来,就理学问题展开广泛讨论。清乾隆二十八年(1763年),知县吴镛在蒲城的仙楼山建设"理学十三祠",纪念章望之、练绘、潘殖、真德秀、詹体仁等十三位理学家。杨时在《答练质夫》信中说:"孟子曰:'万物皆备于我,反身而诚,乐莫大焉。'知万物皆备于我,则虽行止疾徐间,有尧舜之道存焉!世人余不自己求之,以质夫之笃志强学,因其所进勉而卒之,无难矣。"[①] 以此可见练绘之德性品质。《闽南道学源流》《宋元学案补遗》有其传。

## 林大节

林大节,明州鄞县(今浙江省宁波市鄞州区)人,林孝雍之侄,程颐弟子。朱熹在《伊洛渊源录》中称其事迹无考。《宋元学案》赞其为:"笃实之士。"[②]

---

[①]〔北宋〕杨时:《答练质夫》,载〔北宋〕杨时:《龟山集》卷二十一,见《文渊阁四库全书(第1125册)》,台北:台湾商务印书馆1986年版,第315—316页。

[②]《刘李诸儒学案》,见〔清〕黄宗羲、全祖望:《宋元学案》,陈金生、梁运华点校,北京:中华书局1986年版,第1081页。

**附：《二程集》所见答问**

（1）子曰："林大节少戆，然得一言，即躬履。学者可畏，莫如闻斯行之。闻而不行，十盖九矣。"（《程氏粹言》卷一，第1196页。）

（2）林大节虽差鲁，然所问便能躬行。（《河南程氏遗书》卷二上，第45页。）

## 林志宁

林志宁，福建建州人，生卒年不详，所传资料不多，概在元丰三年（1080年）左右拜师程颢，与游酢、杨时交好。据记载："建安林志宁出入潞公门下求教，潞公云：'某此中无相益，有二程先生者，可往从之。'因使人送明道处，志宁乃语定夫及先生，先生谓不可不一见也，于是同行。时谢显道亦在。"① 从这段论述可以看出，林志宁曾经欲游学于文彦博门下，文彦博令其去拜见二程，学成归来，将此事告诉游酢和杨时，游酢遂与杨时一起执弟子礼见程颢于颖昌。杨时文集中有《与林志宁》书信。

## 刘安节

刘安节（1068—1116），字符承，浙江永嘉县人。年少与乡人一起同入太学，后又赴洛阳拜师程颐，登元符三年（1100年）进士，初任

---

① 〔北宋〕程颢、程颐：《河南程氏外书》卷十二，〔北宋〕程颢、程颐：《二程集》，王孝鱼点校，北京：中华书局1981年版，第428—429页。

越州诸暨主簿,河东提学司管勾文字。以宰相荐,召对便殿,言东宫宜择官属,并论奢俭及君子小人和同之异,称旨,除监察御史。决大狱,多所平反。升起居郎、太常少卿,后因得罪宦官,谪知饶州(今江西波阳)。历任起居郎、太常少卿、御史、后贬谪饶州、宣州,最后因在宣州拯救疫病,劳累过度而死,年仅四十九岁。遗著有《刘左史集》四卷,今人辑有《刘安节集》。《二程集》收录有其辑录的《伊川语录》一卷。刘安节为官清廉,积极作为,《宋元学案》记载:"先生从事于致知格物、存心养性之说,久而有得。遇人无贵无贱,一以至诚,未尝见其有恚辞怒色,至于大节则凛然不可夺。"① 也就是说,刘安节以致知格物、存心养性为纲,涵养醇厚,待人至诚,大节不可夺。许景衡为其作墓志铭曰:"温温刘子其美璞,斯文有传与敦琢。始乎致知物斯格,沈涵充积卒自得。众人巧智独敦朴,众人迫隘独恢廓,众人利欲独淡泊,洞然无碍油然乐。"② 许景衡的墓志铭过誉之词在所难免,但也确实反映出刘安节的个人气质。就宋明理学的核心问题来说,刘安节亦有所发明,刘安节亦重视"心"的作用,他说:"夫人之于仁,独可以自异于道乎?盖不合于道,累于形者之过也。人能忘形以合于心,忘心合于道,则天地万物且将与吾混然为一。"③ 刘氏认为人与仁原本是合一的,是不能自外于道的,若不能合于道,只是因为受形体之欲所累,反之,若能祛除私欲,则能合于心,合于道,最终则会达到万物与我为一的境界,这也就是程颢所强调的"仁者与万物为一体"。刘安节亦是"元丰九先生"之一,对格物致知思想的重视,曾得到同门好友许景衡的称

---

① 《周许诸儒学案》,见〔清〕黄宗羲、全祖望:《宋元学案》,陈金生、梁运华点校,北京:中华书局1986年版,第1138页。

② 《周许诸儒学案》,见〔清〕黄宗羲、全祖望:《宋元学案》,陈金生、梁运华点校,北京:中华书局1986年版,第1139页。

③ 〔北宋〕刘安节:《刘安节集》,陈光熙点校,上海:上海社会科学院出版社2006年版,第66页。

赞:"公游太学,我亦诸生,我蒙召还,公在朝廷。僦舍国南,门巷相望。把酒道旧,其喜洋洋。嗟我昏蒙,惟公之畏。公不我鄙,委曲教诲。广大精微,我骇且疑。公指其要,莫先致知。用舍行藏,我亦公告。"①在许景衡的回忆中,在与刘安节共游太学之时,相交甚深,当谈及为学之要,刘安节以"致知"相告,贯通于用舍行藏之中,许景衡对此深信不疑,他在给刘安节撰写的《墓志铭》中更为详细地说道:"始以致知格物发其材,久之存心养性,于是有得,其气貌温然望之,知其有容,遇人无贵贱、小大,一以诚,虽忤己者,略不见其怒色、恚辞也。"②此为《墓志铭》之语,过誉之词在所难免,但亦可窥见其思想重点。刘安节从学之始,即以"格物致知"为入学之方,以"存心养性"为务,以"诚"待人处事。可见,刘安节的思想是忠实于程门的,至于如何格物,刘安节首先对学界存在的普遍现象进行了分析,他说:"形而上者谓之道,形而下者谓之器。形一也,而名二者,即形之上下而言之也。世之昧者不知其一,乃以虚空旷荡而言道,故终日言道而不及物;以形名象数而言物,故终日言物而不及道。道与物离而为二,不能相通,则非特不知道,亦不知物矣。"③他敏锐地认识到当时世人为学所出现的两种弊病,一是终日言道而不及物,二是溺于名数万物而不知"道",这其实是"有体无用"和"有用无体"的变相表述。这两种为学之方都背离儒家"体用一贯"的主旨,以及程门强调的道物不离的宗旨。刘安节阐述自己的观点,他说:"盖有道必有物,无物则非道;有

---

① 〔北宋〕许景衡:《许景衡集》,陈光熙点校,上海:上海社会科学院出版社 2006 年版,第 552 页。
② 〔北宋〕许景衡:《许景衡集》,陈光熙点校,上海:上海社会科学院出版社 2006 年版,第 555 页。
③ 〔北宋〕刘安节:《刘安节集》,陈光熙点校,上海:上海社会科学院出版社 2006 年版,第 67—68 页。

物必有道，无道则非物。是物也者论其形，而道也者所以运乎物者也。"① 刘氏重申道物不离的程门宗旨，在这一点上，他更接近于程颢的思想。"物"是论其形的，而"道"则是贯穿"物"并运行于"物"之中的。对"道"与"物"的并重直接在其"格物"上体现出的是对内向与外向工夫的重视，甚至更为强调外向。当然，他对内向工夫并非忽略，他说："诚意积于中者既厚，感动于外者亦深，故伯淳所在临政，上下自然响应。"② 在此，刘安节认为若内在意诚，则必会发于外。同时，刘安节对"格物致知"的诠释是对程颐思想的恪守，较之杨时，周行己、谢良佐等将"格物致知"囿于意识之内，刘安节对外在的"物"的强调具有某种纠偏的意义。

**附：《二程集》所见答问**

（1）刘安节问："仁与心何异？"子曰："于所主曰心，名其德曰仁。"曰："谓仁者心之用乎？"子曰："不可。"曰："然则犹五谷之种，待阳气而生乎？"子曰："阳气所发，犹之情也。心犹种焉。其生之德，是为仁也。"（《程氏粹言》卷一，第1174页。）

（2）子谓刘安节曰："善学者进德，不有异于缀文者耶？有德矣，动无不利，为无不成，何有不文？缀文之士，不专则不工，专则志局于此，又安能与天地同其大乎？吕大临有言：'学如元凯，未免成癖；文似相如，未免类俳。'今之为文者，一意于词章藻绘之美，务悦人耳目，非俳优而何？"（《程氏粹言》卷一，第1185页。）

（3）子曰："尽性至命必本于孝弟。穷神知化由通于礼乐。"刘安节

---

① 〔北宋〕刘安节：《刘安节集》，陈光熙点校，上海：上海社会科学院出版社2006年版，第68页。
② 《明道学案》下，见〔清〕黄宗羲、全祖望：《宋元学案》，陈金生、梁运华点校，北京：中华书局1986年版，第577页。

问曰:"孝弟之行何以能尽性至命也?"子曰:"世之言道者,以性命为高远,孝弟为切近,而不知其一统。道无本末精粗之别,洒扫应对,形而上者在焉。世岂无孝弟之人,而不能尽心至命者,亦由之而弗知也。人见礼乐坏崩,则曰礼乐一日亡,可乎?礼乐无所不在,而未尝亡也。则于穷神知化乎何有?"(《程氏粹言》卷二,第1257页。)

(4) 刘安节问:"心有限量乎?"曰:"天下无性外之物。以有限量之形气,用之不以其道,安能广大其心也?心则性也,在天为命,在人为性,所主为心,实一道也。通乎道,则何限量之有。必曰有限量,是性外有物也。"(《程氏粹言》卷二,第1252页。)

(5) 刘安节问:"孔子未尝以仁许人,而称管仲,曰:'如其仁。何也?'"子曰:"阐幽之道也。子路以管仲不死子纠为未仁,其言管仲小矣。是以圣人推其有仁之功,或抑或扬,各有攸当。圣人之言类如此,学者自得可也。"(《程氏粹言》卷二,第1240页。)

(6) 刘安节问:"赐鲁天子礼乐以祀周公,可乎?"子曰:"不可。人臣而用天子之所用,周公之法乱矣。成王之赐,伯禽之受,皆过也。王氏谓人臣有不能为之功,而周公能之,故赐以人臣不能用之礼乐,非也。人臣无不能为之功,周公亦尽其分耳。人臣所当为者而不为,则谁为之也?事亲若曾子,可也。其孝非过乎子之分也。亦免责而已。臣之于君,犹子之于父,苟不尽其责之所当为,则事业何自而立?而谓人臣有不能为之功,是犹曰人子有不能为之孝也。而可乎?后世有恃功责报而怏怏于君者,必此之言夫!"(《程氏粹言》卷二,第1244页。)

(7) 刘安节问:"人有少而勇,老而怯;少而廉,老而贪。何为其然也?"子曰:"志不立,为气所使故也。志胜气则一定而不可变也。曾子易箦之际,其气微可知也。惟其志既坚,则虽死生之际,亦不为之动,况老少之异乎?"(《程氏粹言》卷二,第1265页。)

(8) 刘安节问:"太古之时,人物同生。"子曰:"然。""纯气为人,繁气为物乎?"子曰:"然。""其所生也无从受则气之所化乎?"子曰:"然。"(《程氏粹言》卷二,第1266页。)

(9)刘安节问:"高宗得傅说于梦,何理也?"子曰:"其心求贤辅,虽寤寐不忘也。故精神既至,则兆见梦。文王卜猎而获太公,亦犹是也。"(《程氏粹言》卷二,第1232页。)

(10)刘安节问曰:"志笃于善而梦其事者,正乎不正?"子曰:"是亦心动也。"(《程氏粹言》卷二,第1230页。)

(11)刘安节问:"人有死于雷霆者,无乃素积不善,常歉然于其心,忽然闻震则惧而死乎?"子曰:"非也。雷震之也。""然则雷孰使之乎?"子曰:"夫为不善者,恶气也。赫然而震者,天地之怒气也。相感而相遇故也。"曰:"雷电相因,何也?"子曰:"动极则阳形也。是故钻木戛竹,皆可以得火。夫二物者未尝有火也,以动而取之故也。击石火出亦然,惟金不可以得火,至阴之精也。然轧磨既极,则亦能热矣。阳未尝无也。"(《程氏粹言》卷二,第1224页。)

# 刘安上

刘安上(1069—1128),字符礼,浙江永嘉人,刘安节之从弟。与刘安节一起受业于程颐,俱以学行为乡里所推,时称"二刘",刘安上为小刘先生。于绍圣四年(1097年)中进士,历任钱塘县尉、处州缙云县令、提举两浙学事、监察御史、迁侍御史。时蔡京擅政,结党营私,为"六贼"首恶,安上不畏权贵,慷慨上奏陈言,"斩京头以谢天下,斩臣头以谢蔡京,臣死之日,犹生之年"[1]。可见其士大夫气节与风

---

[1] 《周许诸儒学案》,见〔清〕黄宗羲、全祖望:《宋元学案》,陈金生、梁运华点校,北京:中华书局1986年版,第1140页。

骨。又与中丞石公弼、谏议大夫张克公劾之，蔡京遂以太乙宫使罢相，致仕。后又任谏议大夫、舒州知州、中书舍人、给事中。后蔡京复相，遭到排挤，以徽猷阁待制出知寿州。历任寿州、婺州、邢州知州，于1128年卒于家。刘安上与其兄一样，为官正直清廉，体恤民生，不惧权势，他自述道："吾仇怨满天下矣！然吾职所在，吾无心也。"① 全祖望评价其道："先生之风节峻矣！"② 刘安上著有诗五百首，遗著有诗集、制诰、杂文三十卷，现存《刘给事集》五卷，今人辑其著作为《刘安上集》。对于理学核心问题，刘安上虽言之不多，但也有所发明，对"格物致知"亦同样强调，他说："惟我与兄，总角相从，后来出处未尝不同。鼓箧帝京，跨岭涉江，留滞蛮盐，灯夜雨窗，间关百试，志莫肯降，获联优最，奏对宸枫。载念西游，担簦于洛，依归夫子，覃思力学，格物致知，会方守约。惟兄蚤达，立有所卓，视彼众人，允矣先觉，不鄙疏庸，提诲磨琢。"③ 刘安上叙述与其兄的从学历程，乃严遵师训，以格物致知为入学之方，这是其对程门话语体系的认同，他对如何格物，并未论及，只是对"物"的诠释或者说在格物的指向上，他与其师、其兄保持一致，注重内外，但更偏重于外。刘安上对程门所倚重的"敬"也甚为重视，他说："君子之事君，尽心焉耳矣。言而不心则近谀，貌而不心则近佞，谀且佞，君子不为也。故尽吾心之所可欲者以事君，则凡所谓善者无不陈也；尽吾心之所欲去者以事君，则凡所谓邪者无不闭也。陈善闭邪，此人臣之所自尽，得不谓之敬乎？窃尝谓人之立乎本朝者，岂皆出于爱君之诚也哉？……知孟子之所以敬其君者，不在于声音笑貌之

---

① 《周许诸儒学案》，见〔清〕黄宗羲、全祖望：《宋元学案》，陈金生、梁运华点校，北京：中华书局1986年版，第1140页。

② 《周许诸儒学案》，见〔清〕黄宗羲、全祖望：《宋元学案》，陈金生、梁运华点校，北京：中华书局1986年版，第1140页。

③ 〔北宋〕刘安上：《刘安上集》，陈光熙点校，上海：上海社会科学院出版社2006年版，第225页。

间,而在于中心之诚。故曰:'齐人莫如我敬王也。'"① 这是刘安上对孟子"陈善闭邪谓之敬"的诠释。刘安上是积极入世的,他借现实政治来表达其理论诉求,他重点强调"敬"与"诚",人臣事君不在于外在的举止,而是由内而外的"敬"与"诚"。他所说的"言而不心,貌而不心"实际即是对不诚的另一种表述,而心之不诚,则自然不会产生敬。

## 刘立之

刘立之,生卒年不详。字宗礼,河北河间人。曾在山西历任晋城做官,后官至承议郎等职。刘立之之父与二程交好,但早逝。年幼即寄养于二程家里,于1056年拜程颢为师,娶二程叔父朝奉之女为妻。郭忠孝之子郭雍称其"登门最早,精于吏事"②。刘立之记程颢曰:"先生从汝南周敦颐问学,穷性命之理,率性会道,体道成德,出入孔孟,从容不勉"③,这是程门弟子对程颢从学周敦颐的最早记述。刘立之留存的材料并不多,且因其"精于吏事",故学术造诣并不突出。朱子在《近思录》中曾录有其三条答问。

(1)刘安礼云:"王荆公执政,议法改令,言者攻之甚力,明道先生尝被旨赴中堂议事,荆公方怒,言者厉色待之,先生徐曰:'天下之事非一家私议,愿公平气以听。'荆公为之愧屈。"④

---

① 〔北宋〕刘安上:《刘安上集》,陈光熙点校,上海:上海社会科学院出版社2006年版,第236—237页。
② 程水龙:《近思录集校集注集评》,上海:上海古籍出版社2012年版,第922页。
③ 〔南宋〕朱熹:《伊洛渊源录》卷二,见朱杰人、严佐之、刘永翔主编:《朱子全书(第12册)》,上海、合肥:上海古籍出版社、安徽教育出版社2010年版,第925页。
④ 〔南宋〕朱熹、吕祖谦:《近思录集释》,张京华辑校,长沙:岳麓书社2010年版,第857页。

(2) 刘安礼问:"临民",明道先生曰:"使民各得输其情。"问御吏,曰:"正己以格物。"①

(3) 刘安礼云:"明道先生德性充完,和粹之气盎于面背,乐易多恕,终日怡悦。立之从先生三十年,未尝见其忿厉之容。"②

## 附:《二程集》所见答问

(1) 立之家集无家字。与先生有累世之旧,先人高爽有奇操集无此上五字,与先生集有情字好尤密。先人早世,立之方数岁,先生兄弟取以归,教养视子侄,卒立其门户。末世俗薄,朋友道衰,闻先生之风,宜有愧耻。(《河南程氏遗书》附录,第330页。)

(2) 立之从先生最久,闻先生教最多,得先生行事为最集无此最字详。先生终,系官朔陲,不得与于行服之列,哭泣之哀,承讣悲号,摧裂肝膈。(《河南程氏遗书》附录,第330—331页。)

(3) 河间刘立之曰:"先生幼有奇。质,明慧惊人,年数岁,即有成人之度。尝赋《酌贪泉》,诗曰:'中心如自固,外物岂能迁?'当世先达许其志操。及长,豪勇自奋,不溺于流俗。从汝周南周茂叔问学,穷性命之理,率性会道,体道成德,出处孔、孟,从容不勉。踰冠,应书京师,声望蔼然,老儒宿学,皆自以为不及,莫不造门愿交。"(《河南程氏遗书》附录,第328页。)

(4) 熙宁七年,立之得官晋城,距先生去已十余年,见民有聚口众而不析异者。问其所以,云守程公之化也。其诚心感人如此。(《河南程

---

① 〔南宋〕朱熹、吕祖谦:《近思录集释》,张京华辑校,长沙:岳麓书社2010年版,第858页。

② 〔南宋〕朱熹、吕祖谦:《近思录集释》,张京华辑校,长沙:岳麓书社2010年版,第1003—1004页。这里的刘安礼即为刘立之,"安礼"应为"宗礼"的错字。

氏遗书》附录，第328页。）

# 刘　绚

刘绚（1045—1087），字质夫，祖籍浙江常山，河南洛阳人，人称"河南先生"。与李吁以"传道"之称见于程门。初受业于程颐，元丰五年（1082年）以师礼见程颢于洛。以家荫补为寿安县主簿，后升迁为长子县令。元祐初年，韩维推荐其为京兆府教授，王岩叟、朱光庭又荐为太学博士，不久即死于任上。因政绩，富弼称其为"真县令也"。① 刘绚勤奋好学，本性孝悌乐善，恪守正学，不为邪说所移。刘绚最为擅长和精通的是《春秋》之学，学宗程颐，专以孔、孟之言裁断经意，作《春秋传》未毕而卒，其思想散存于元代李廉的《春秋诸传会通》、汪克宽的《春秋胡传附录纂疏》，并深刻影响了胡安国的春秋学。程颢尝谓人曰："他人之学，敏则有之，未易保也。斯人之至，吾无疑焉。"② 程颐谓："倡明道学，使之为学者视效而信从者，刘绚与李吁出力为多。"同门谢良佐称："诸君留意《春秋》之学，甚善。向见程先生言，须要广见诸家之说。其门人惟刘质夫得先生旨意为多。"③侯仲良曰："明道和平简易，惟刘绚庶几似之。"④ 朱子曾评论道："问程门谁真得其传？曰：也不尽见得，如刘质夫、朱公掞、张思叔辈又不见他文字，看程门诸公

---

① 〔元〕脱脱等：《宋史》，刘浦江标点，长春：吉林人民出版社1990年版，第8838页。
② 《刘李诸儒学案》，见〔清〕黄宗羲、全祖望：《宋元学案》，陈金生、梁运华点校，北京：中华书局1986年版，第1065页。
③ 《刘李诸儒学案》，见〔清〕黄宗羲、全祖望：《宋元学案》，陈金生、梁运华点校，北京：中华书局1986年版，第1066页。
④ 《刘李诸儒学案》，见〔清〕黄宗羲、全祖望：《宋元学案》，陈金生、梁运华点校，北京：中华书局1986年版，第1066页。

力量见识，比之康节、横渠皆赶不上。"① 从不同学人的评语中可见刘绚的学术及功业。由于刘绚著作不存，其系统思想无可见。

**附：《二程集》所见答问②**

(1)《祭刘质夫文》

呜呼呜呼！圣学不传久矣，吾生百世之后，志将明斯道，兴斯文于既绝，力小任重，而不惧其难者，盖亦有冀矣。以谓：苟能使知之者广，则用力者众，何难之不易也？游吾门者众矣，而信之笃、得之多、行之果、守之固，若子者几希。方赖子致力以相辅，而不幸遽亡，使吾悲传学之难，则所以惜子者，岂止从游之情哉？兹焉归葬，不克临穴，姑因薄奠，以叙其哀。(《二程文集》卷十一，第643页。)

(2) 绚问："先生相别，求所以教。"曰："人之相爱者，相告戒，必曰凡事当善处。然只在仗忠信，只不忠信，便是不善处也。"(《河南程氏遗书》卷十四，第140页。)

(3) 昔刘质夫作《春秋传》，未成。每有人问伊川，必对曰："已令刘绚作之，自不须某费工夫也？"《刘传》既成，来呈伊川，门人请观。伊川曰："却须著某亲作。"竟不以《刘传》示人。伊川没后，方得见今世《传》解至闵公者。昔又有蜀人谢湜提学字持正，解《春秋》成，来呈伊川。伊川曰："更二十年后，子方可作。"谢久从伊川学，其《传》竟不曾敢出。(《河南程氏外书》卷十二，第432—433页。)

(4) 质夫沛然。择之茫然，未知所得。(《河南程氏遗书》卷六，第80页。)

---

① 〔南宋〕黎靖德编：《朱子语类》，王星贤点校，北京：中华书局1986年版，第2555页。

② 本书各章节所附《〈二程集〉所见答问》，均出自〔北宋〕程颢、程颐：《二程集》，王孝鱼点校，北京：中华书局1981年版。在正文中只括注具体文献和页码。

（5）质夫曰："尽心知性，佛亦有至此者。存心养性，佛本不至此。"先生曰："尽心知性，不假存养，其惟圣人乎！"（《河南程氏外书》卷四，第373页。）

（6）质夫云："频复不已，遂至迷复。"（《河南程氏外书》卷四，第373页。）

（7）刘绚问："孔子何为作《春秋》？"子曰："由尧舜至于周，文质损益，其变极矣，其法详矣。仲尼参酌其宜，以为万世王制之所折中焉。此作《春秋》之本意也。观其告颜子为邦之道，可见矣。"（《程氏粹言》卷一，第1200页。）

（8）刘绚问："读《春秋》，以何道为准？"子曰："其中庸乎？欲知中庸，其惟权乎？权之为言轻重之义也。权义而上不可容声矣。在人所见如何耳。"（《程氏粹言》卷一，第1205页。）

## 罗从彦

罗从彦（1072—1135），字仲素，号豫章，福建南平人。学界一般是将其作为二程"四大弟子"之一的杨时的弟子，为道南学派的重要传承者。朱熹曾说："龟山倡道东南，士之游其门者甚众，然潜思力行、任重诣极如仲素，一人而已。"①而根据《宋史·罗从彦传》记载："闻同郡杨时得河南程氏学，慨然慕之，及时为萧山令，遂徒步往学焉。时熟察之，乃喜曰：'惟从彦可与言道。'于是日益以亲，时弟子千余人，无及从彦者。从彦初见时三日，即惊汗浃背，曰：'不至是，几虚过一生矣。'尝与时讲《易》，至《乾》九四爻，云：'伊川说甚善。'从彦

---

① 〔元〕脱脱等著：《宋史》，刘浦江标点，长春：吉林人民出版社1995年版，第8847页。

即鬻田走洛，见颐问之，颐反覆以告，从彦谢曰：'闻之龟山具是矣。'乃归卒业。"① 从《宋史》这段记载中看出，罗从彦曾在元符三年（1100年），闻知程颐讲易有盛名，经杨时介绍，变卖家产，赴洛阳向程颐问易。《宋元学案》亦将其列为程颐门人。实际上，罗从彦弟子李侗亦说："恭惟先生乡丈，服膺龟山之讲席有年矣，况尝及伊川先生之门，得不传之道于千五百岁之后"②。亲炙弟子的记载，应为可信，此处采纳李侗、《宋史》、《宋元学案》之说，将其列为程颐门人。但也必须指出的是，罗从彦问学程颐时间极为短暂，这也可能是其以龟山门人声名卓著的原因。罗从彦于1112年正式拜师杨时，受学累年，尽裹其书以归。1130年，罗从彦登进士第，任博罗县主簿，不意仕宦，筑室于罗浮山中，潜心研究理学。绍兴五年（1135年），罗从彦卒于任上。罗从彦一生穷困潦倒，以致无钱归葬。最后仰赖于其族人罗友仁赴惠州担任判官时，才派人将其归葬老家。途中，遭遇匪患，灵柩停放于开元寺，后门人李侗捐钱将灵柩运回罗源里。淳祐七年（1247年），赐谥号"文质"，到明代万历四十二年（1614年），从祀孔庙。罗从彦在理学方面，发挥"静中体验未发"的思想，成为道南指诀。在治道方面亦多有要语，尝与学者论治曰："祖宗法度不可废，德泽不可恃。废法度则变乱之事起，恃德泽则骄佚之心生。自古德泽最厚莫若尧、舜，向使子孙可恃，则尧、舜必传其子。法度之明莫如周，向使子孙世守文、武、成、康之遗绪，虽至今存可也。"③ 又曰："君子在朝则天下必治，盖君子进则常有乱世之言，使人主多忧而善心生，故治。小人在朝则天下乱，盖

---

① 〔元〕脱脱等著：《宋史》，刘浦江标点，长春：吉林人民出版社1995年版，第8846页。

② 《豫章学案》，见〔清〕黄宗羲、全祖望：《宋元学案》，陈金生、梁运华点校，北京：中华书局1986年版，第1275页。

③ 〔元〕脱脱等著：《宋史》，刘浦江标点，长春：吉林人民出版社1995年版，第8846页。

小人进则常有治世之言，使人主多乐而怠心生，故乱。"① 又曰："天下之变不起于四方，而起于朝廷。譬如人之伤气，则寒暑易侵；木之伤心，则风雨易折。故内有林甫之奸，则外必有禄山之乱，内有卢杞之奸，则外必有朱泚之叛。"② 其论士行曰："周、孔之心使人明道，学者果能明道，则周、孔之心，深自得之。三代人才得周、孔之心，而明道者多，故视死生去就如寒暑昼夜之移，而忠义行之者易。至汉、唐以经术古文相尚，而失周、孔之心，故经术自董生、公孙弘倡之，古文自韩愈、柳宗元启之，于是明道者寡，故视死生去就如万钧九鼎之重，而忠义行之者难。呜呼，学者所见，自汉、唐丧矣。"③ 又曰："士之立朝，要以正直忠厚为本。正直则朝廷无过失，忠厚则天下无嗟怨。一于正直而不忠厚，则渐入于刻。一于忠厚而不正直，则流入于懦。"④ 罗从彦著作主要有《语孟解》《书斋记》《遵尧录》《台衡录》《中庸说》，另著有《〈春秋毛诗〉语解》《春秋指归语》《台衡录论议要语》《二程龟山语录》等，后辑入《豫章文集》。

## 吕大忠

吕大忠（1020—1096），字进伯，陕西蓝田人，《宋史》有传。关学、洛学两系的著名学者。其先汲郡（河南卫辉）人。祖吕通，太常博

---

① 〔元〕脱脱等著：《宋史》，刘浦江标点，长春：吉林人民出版社1995年版，第8846页。

② 〔元〕脱脱等著：《宋史》，刘浦江标点，长春：吉林人民出版社1995年版，第8846页。

③ 〔元〕脱脱等著：《宋史》，刘浦江标点，长春：吉林人民出版社1995年版，第8847页。

④ 〔元〕脱脱等著：《宋史》，刘浦江标点，长春：吉林人民出版社1995年版，第8847页。

士。父吕賁简，比部郎中。与弟吕大防、吕大钧、吕大临，称蓝田吕氏四贤。皇佑年间进士，初为陕西华阴县尉，后任山西晋城县令。升秘书丞，兼任定国军的军事判官。迁河北转运判官、陕西转运副使，官至宝文阁直学士，历知陕州、秦州、渭州、同州。著有《前汉论》、《辋川集》五卷，及奏议十卷（已佚）。在元祐二年（1087年）任职陕西转运副使期间，将《石台孝经》《开成石经》及碑石移至西安碑林。绍圣二年（1095年），因与权臣章惇不合，又受其弟吕大防党争连累，多次被贬，由知同州降为侍制，并致仕。不久病故，年仅四十七岁，以学士官职葬于蓝田县。吕大忠虽与张载同岁，但因仰慕张载学问，遂拜其为师，后闻听二程盛名，旋即拜二程为师。吕大忠为人正直，谨守礼法，任从官时，每次回乡见县令，必致桑梓之恭，待部属如子弟一般，乐于成人。即使面对其为丞相的弟弟的夫人时，亦不改色，一日，当他坐在堂上时，丞相夫人拜于堂下，命左右奴婢扶她起来，吕大忠见之大怒，说："人以为丞相夫人，吾但知吕二郎新妇耳，不疾病，辄用人扶何也？"① 以此可见其守礼之严。同时，大忠亦颇有识度，朝廷命他陈述设义勇兵之利害，他说："养兵猥众，国用日屈，汉之屯田，唐之府兵，善法也。弓箭手近于屯田，义勇近于府兵，择一用焉，兵屯可省矣。"②与苏轼交好。

**附：《二程集》所见答问**

（1）吕进伯可爱，老而好学，理会直是到底。（《河南程氏遗书》卷二上，第38页。）

（2）《答吕进伯简三》

相别累年，区区企渴之深，言不尽意。按部往来，想在劳止。秦人

---

① 〔北宋〕邵伯温：《邵氏闻见录》，康震校，西安：三秦出版社2005年版，第197页。
② 〔元〕脱脱等：《宋史》，刘浦江标点，长春：吉林人民出版社1995年版，第7644页。

疮瘵未复，而偶此早暵，赖贤使者措置，受赐何涯！儒者逢时，生灵之幸。勉成休功，乃所愿望。颐备员于此，夙夜自竭，未见其补，时望赐书，开谕不逮。与叔每过从，至慰至幸。引素门墙，坐驰神爽。所欲道者，非面不尽。惟千万自爱。

别纸见谕，持法为要，其来已久矣。既为今日官，当于今日事中，图所设施。旧法之拘，不得有为者，举世皆是也。以颐观之，苟迁就于法中，所可为者尚多。先兄明道之为邑，及民之事多。众人所谓法所拘者，然为之未尝大戾于法，众亦不甚骇。谓之得伸其志则不可，求小补，则过今之为政者远矣。人虽异之，不至指为狂也。至谓之狂，则大骇矣。尽诚为之，不容而后去，又何嫌乎？鄙见如此，进伯以为如何？

荷公知遇之厚，辄有少见，上补聪明；亦久怀愤郁，无所控告，遇公而伸尔。王者父天母地，昭事之道，当极严恭。汉武远祀地祇于汾脽，既为非礼；后世复建祠宇，其失已甚。因唐妖人作《韦安道传》，遂为塑像以配食，诬渎天地。天下之妄，天下之恶，有大于此者乎？公为使者，此而不正，将正何事？愿以其像投之河流。慎勿先露，先露则传骇观聽矣。勿请勿议，必见沮矣。毋虞后患，典宪不能相及，亦可料也。愿公勿疑。(《二程文集》卷九，第604—605页。)

# 吕大钧

吕大钧（1029—1080），字和叔，吕大忠二弟，陕西蓝田县人，被称为"京兆先生"。北宋嘉祐二年（1057年）进士，授秦州（今甘肃天水）司里参军，任延州（今陕西延安）监折博务、光禄寺丞、三原知县、后供知县等职。著有《四书注》《诚德集》等。吕大钧与张载为同年进士,慕张载之学,遂执弟子礼。元丰二年(1079年)从学二程。张载之学重视礼学,吕大钧则能守师说而践履之,这我们可从其为父守丧时看出来,居父丧,衰麻葬祭,一本于礼,并且能够将礼行于冠昏、膳饮、庆吊之间,关中风俗粲然可观。在丁忧之时,为教化乡人,与其兄弟共创《吕氏乡约》,提出"德业相励,过失相规,礼俗相交,患难相恤",是中国历史上第一部成文的村规民约,改变以往"礼不下庶人"的格局。张载评其"秦俗之化,亦先自和叔有力"①,又称其"勇为不可及"②。程颐也称:"任道担当,其风力甚劲。"③ 同门范育作有墓志铭。与张载一样,吕大钧亦倡导实行井田制,并认为这是治国理政的入手处,并编撰相关图籍,以备实用。

**附:《二程集》所见答问**

(1) 和叔常言"及相见则不复有疑,既相别则不能无疑",然亦未知果能终不疑。不知它既已不疑,而终复有疑,何故?伯淳言:"何不问他?疑甚不如剧论。"(《河南程氏遗书》卷二上,第44页。)

(2) 和叔任道担当,其风力甚劲,然深潜缜密,有所不逮于与叔。蔡州谢良佐虽时学中因议州举学试得失,便不复计较。建州游酢,非昔日之游酢也。固是颖,然资质温厚。南剑州杨时虽不逮酢,然煞颖悟。林大节虽差鲁,然所问便能躬行。刘质夫久于其事,自小来便在此。李端伯相聚虽不久,未见他操履,然才识颖悟,自是不能已也。(《河南程氏遗书》卷二上,第44—45页。)

---

① 〔北宋〕程颢、程颐:《河南程氏遗书》卷十,见〔北宋〕程颢、程颐:《二程集》,王孝鱼点校,北京:中华书局1981年版,第115页。
② 〔元〕脱脱等:《宋史》,刘浦江标点,长春:吉林人民出版社1995年版,第7646页。
③ 〔北宋〕程颢、程颐:《河南程氏遗书》卷二上,见〔北宋〕程颢、程颐:《二程集》,王孝鱼点校,北京:中华书局1981年版,第44页。

# 吕大临

吕大临（1040—1092），字与叔，号芸阁。其先汲郡（今河南卫辉）人，后移居京兆蓝田（今陕西蓝田）。中国宋代金石学家、理学家，是蓝田吕氏四贤中哲学造诣最高的。他虽登第，却以门荫入官，称"不敢掩祖宗之德"①。历任太学博士、秘书省正字等职。他虽人在仕途，却心系学术，他的学术发展阶段分为两个阶段。第一阶段与兄长吕大忠、吕大钧追随张载，投身关学，潜心研究"六经"，尤深于"三礼"的精研与实践，是诸吕及张载弟子中对"关学"发展贡献最大的。作为张载门下的高足弟子，因其学识文采出众，张载之弟张戬将女儿嫁给吕大临，对人说"吾得颜回为婿矣"②，足见其对吕大临的器重。张载逝世后，吕大临虽转师二程，并成为程门高足，却不放弃关学的基本思想宗旨，不背其师，成为关学最有力的捍卫者。对此，二程说道："吕与叔守横渠学甚固，每横渠无说处皆相从，才有说了，便不肯回。"③ 在关学阶段，其思想成就和主张主要在礼学上。第二阶段即为从学二程的阶段，或洛学阶段，其思想重点转向性理之学。在当时众多的二程门徒中，吕大临因其渊博的学识与谢良佐、游酢、杨时三人一起被时人称为"程门四先生"。二程赞其为学"深潜缜密"，"涵养深醇，妙达义理"。朱熹认为

---

① 〔南宋〕朱熹：《伊洛渊源录》卷八，见朱杰人、严佐之、刘永翔主编：《朱子全书（第12册）》，上海、合肥：上海古籍出版社、安徽教育出版社2010年版，第1036页。

② 陈俊民辑校：《蓝田吕氏遗著辑校》，北京：中华书局1993年版，第623—624页。

③ 〔北宋〕程颢、程颐：《二程集》，王孝鱼点校，北京：中华书局1981年版，第256页。

吕大临的学术造诣最为可称，因此"于程子门人中最取吕大临"①，并把他与程颐相比而论。朱熹曾自叹自己比不得吕大临，认为自己假如"只如吕年"（只活到吕大临那样的岁数），也不见得能达到他那样高的学术成就。吕大临虽然思想有所转变，但其仍然守横渠学甚固。吕大临著作众多，他的主要著作有《礼记解》、《大学解》、《吕氏家礼》、《考古图》十卷、《易章句》一卷、《大学说》一卷、《礼记传》十六卷、《论语解》十卷、《孟子讲义》十四卷、《玉溪先生集》二十八卷、《东见录》，又与其兄大防合著《家祭仪》一卷。其著作被收录在《蓝田吕氏遗著辑校》中。吕大临早逝，关学遂遭没落。二程对此说："关中学者，以今日观之，师死而遂背之，却未见其人，只是更不复讲。"② 在二程看来，正因为以吕大临为首的关学弟子恪守师说不殆，故关学虽不"复讲"，但仍然流传，拥有众多私淑弟子。

## 附一：《二程集》所见答问

（1）《与吕大临论中书》

大临云："中者道之所由出。先生曰：中者道之所由出，此语有病。"

大临云："谓中者道之所由出，此语有病，已悉所谕。但谕其所同，不容更有二名；别而言之，亦不可泥为一事。如所谓'天命之谓性，率性之谓道'，又曰'中者天下之大本，和者天下之达道'，则性与道，大本与达道，岂有二乎？"

先生曰："中即道也。若谓道出于中，则道在中外，别为一物矣。所谓'论其所同，不容更有二名，别而言之，亦不可混为一事。'此语

---

① 《吕范诸儒学案》，见〔清〕黄宗羲、全祖望：《宋元学案》，陈金生、梁运华点校，北京：中华书局1986年版，第1110页。

② 〔北宋〕程颢、程颐：《二程集》，王孝鱼点校，北京：中华书局1981年版，第50页。

固无病。若谓性与道，大本与达道，可混而为一，即未安。在天曰命，在人曰性，循性曰道。性也，命也，道也，各有所当。大本言其体，达道言其用，体用自殊，安得不为二乎？"

大临云："既云'率性之谓道'，则循性而行莫非道。此非性中别有道也，中即性也。在天为命，在人为性，由中而出者莫非道，所以言道之所由出也，与'率性之谓道'之义同，亦非道中别有中也。"

先生曰："'中即性也'，此语极未安。中也者，所以状性之体段若谓性有体段亦不可，姑假此以明彼。如称天圆地方，遂谓方圆而天地可乎？方圆既不可谓之天地，则万物决非方圆之所出。如中既不可谓之性，则道何从称出于中？盖中之为义，自过不及而立名。若只以中为性，则中与性不合，与'率性之谓道'其义自异。性道不可合一而言。中止可言体，而不可与性同德。"

又曰："观此义，谓不可与性同德，字亦未安。子居对以中者性之德，却为近之子居，和叔之子，一云义山之字。"

又曰："不偏之谓中。道无不中，故以中形道。若谓道出于中，则天圆地方，谓方圆者天地所自出，可乎？"

大临云："不倚之谓中，不杂之谓和。先生曰：不倚之谓中，甚善语犹未莹。不杂之谓和，未当。"

大临云："喜怒哀乐之未发，则赤子之心。当其未发，此心至虚，无所偏倚，故谓之中。以此心应万物之变，无往而非中矣。孟子曰：'权然后知轻重，度然后知长短，物皆然，心为甚。'此心度物，所以甚于权衡之审者，正以至虚无所偏倚故也。有一物存乎其间，则轻重长短皆失其中矣，又安得如权如度乎？故大人不失其赤子之心，乃所谓允执其中也。大临始者有见于此，便指此心名为中，故前言中者道之所由出也。今细思之，乃命名未当尔。此心之状，可以言中，未可便指此心名之曰中。所谓以中形道，正此意也。'率性之谓道'者，循性而行，无往而非理义也。以此心应万事之变，亦无往而非理义也。皆非指道体而言也。若论道体，又安可言由中而出乎！先生以为此言未是。"

先生曰："'喜怒哀乐未发谓之中。'赤子之心，发而未远于中，若便谓之中，是不识大本也。"

大临云："圣人智周万物，赤子全未有知，其心固有不同矣。然推孟子所云，岂非止取纯一无伪，可与圣人同乎？非谓无毫发之异也。大临前日所云，亦取诸此而已。此义，大临昔者既闻先生君子之教，反求诸己，若有所自得，参之前言往行，将无所不合。由是而之焉，似得其所安，以是自信不疑，拳拳服膺，不敢失坠。今承教，乃云已失大本，茫然不知所向。窃恐辞命不明，言不逮意，致高明或未深喻，辄露所见，求益左右。卒为赐教，指其迷谬，幸甚。圣人之学，以中为大本。虽尧、舜相授以天下，亦云'允执其中'。中者，无过不及之谓也。何所准则而知过不及乎？求之此心而已。此心之动，出入无时，何从而守之乎？求之于喜怒哀乐未发之际而已。当是时也，此心即赤子之心纯一无伪，即天地之心神明不测，即孔子之绝四四者有一物存乎其间，则不得其中，即孟子所谓'物皆然，心为甚'心无偏倚，则至明至平，其察物甚于权度之审，即《易》所谓'寂然不动，感而遂通天下之故'。此心所发，纯是义理，与天下之所同然，安得不和？大临前日敢指赤子之心为中者，其说如此。来教云：'赤子之心可谓之和，不可谓之中。'大临思之，所谓和者，指已发而言之。今言赤子之心，乃论其未发之际一有窃谓字，纯一无伪，无所偏倚，可以言中。若谓已发，恐不可言心。来教云：'所谓循性而行，无往而非理义，言虽无病，而圣人气味殊少。'大临反而思之，方觉辞气迫窘，无沉浸浓厚之风，此则浅陋之罪，敢不承教？大临更不敢拜书先生左右，恐烦往答，只令义山持此请教。蒙塞未达，不免再三渎，惟望乘间口谕义山，传诲一二，幸甚！幸甚！"

先生曰："所云非谓无毫发之异，是有异也。有异者得为大本乎？

推此一言，余皆可见。"

大临云："大临以赤子之心为未发，先生以赤子之心为已发。所谓大本之实，则先生与大临之言，未有异也，但解赤子之心一句不同尔。大临初谓赤子之心，止取纯一无伪，与圣人同一有处字。恐孟子之义亦然，更不曲折。一一较其同异，故指以为言，固未尝以已发不同处为大本也。先生谓凡言心者，皆指已发而言。然则未发之前，谓之无心可乎？窃谓未发之前，心体昭昭具在，已发乃心之用也。此所深疑未喻，又恐传言者失指，切望指教。"

先生曰："所论意，虽以已发者为未发；反求诸言，却是认已发者为说。词之未莹，乃是择之未精尔。凡言心者，指已发而言，此固未当。心一也，有指体而言者寂然不动是也，有指用而言者感而遂通天下之故是也，惟观其所见如何耳。大抵论愈精微，言愈易差。所谓传言者失指，及反复观之，虽曰有差，亦不失大意。又如前论'中即性也'，已是分而为二，不若谓之性中性中语未甚莹。以谓圣人气味殊少，亦不须言圣人。第二书所以答去者，极分明矣。"（《二程文集》卷九，第605—609页。）

（2）吕与叔尝言"患思虑多，不能驱除。"曰："此正如破屋中御寇，东面一人来未逐得，西面又一人至矣。左右前后，驱逐不暇。盖其四面空疏，盗固易入，无缘用得主定。又如虚器入水，水自然入。若以一器实之以水，置之水中，水何能入来？盖中有主则实，实则外患不能入，自然无事。"（《河南程氏遗书》卷一，第8页。）

（3）与叔所问，今日宜不在有疑，今尚差池者，盖为昔亦有杂学。故今日疑所进有相似处，则遂疑养气为有助，便休信此说。盖为前日思虑纷扰，今要虚静，故以为有助。前日思虑纷扰，又非义理，又非事故，如是则只是狂妄人耳。惩此以为病，故要得虚静。其极，欲得如槁木死灰，又却不是。盖人，活物也，又安得为槁木死灰？既活，则须有动作，须有思虑。必欲为槁木死灰，除是死也。忠信所以进德者，何也？闲邪则诚自存，诚存斯为忠信也。如何是闲邪？非礼而勿视、听、言、动，邪斯闲矣。以此言之，又几时要身如枯木，心如死灰？又如绝四后，毕竟如何，又几时须如枯木死灰？敬以直内，则须君则是君，臣则是臣。凡事如此，大小大直截也。（《河南程氏遗书》卷二，第26页）

（4）吕与叔以气不足而养之，此犹只是自养求无疾，如道家修养亦何伤，若须要存想飞升，此则不可。（《河南程氏遗书》卷二上，第46页）

（5）昔吕与叔尝问为思虑纷扰，某答以但为心无主，若主于敬，则自然不纷扰。譬如以一壶水投于水中，壶中既实，虽江湖之水，不能入矣。曰："若思虑果出于正，亦无害否？"曰："且如在宗庙则主敬，朝廷主庄，军旅主严，此是也；如发不以时，纷然无度，虽正亦邪。"（《河南程氏遗书》卷十八，第191页。）

（6）先生云："吕与叔守横渠学甚固，每横渠无说处皆相从，才有说了，便不肯回。"（《河南程氏遗书》卷十九，第265页。）

（7）《哀辞》

呜呼！去圣远矣斯文丧矣。先王之流风善政，泯没而不可见；明师贤弟子传授之学，断绝而不得闻。以章句训诂为能穷遗经，以仪章度数为能尽儒术，使圣人之道玩于腐儒讽诵之馀，隐于百姓日用之末；反求诸己，则罔然无得，施之于天下，则若不可行；异端争衡，犹不与此。

先生负特立之才，知大学之要；博文强识，躬行力究；察伦明物，极其所止；涣然心释，洞见道体。其造于约也，虽事变之感不一，知应以是心而不穷；虽天下之理至众，知反之吾身而自足。其致于一也，异端并立而不能移，圣人复起而不与易。其养之成也，和气充浃，见于声容，然望之崇深，不可慢也；博事优为，从容不迫，然诚心恳侧，弗之措也。其自任之重地，宁学圣人而未至，不欲以一善成名；宁以一物不被泽为己病，不欲以一时之为己功。其自信之笃也，吾志可行，不苟洁其去就；吾义所安，虽小官有所不屑。

夫位天地，育万物者，道也；传斯道者，斯文也；振已坠之文，达未行之道者，先生也。使学不卒传，志不卒行，至于此极者，天也。先生之德，可形容者，犹可道也；其独智自得，合乎天，契乎先圣者，不可得而道也？元丰八年六月，明道先生卒。门人学者皆以所自得者名先生之德，先生之德未易名也，亦各伸其志尔。汲郡吕大临书。（《河南程氏遗书》附录，第337页。）

(8) 吕与叔作《横渠行状》，有"见二程尽弃其学"之语。尹子言之，先生曰："表叔平生议论，谓颐兄弟有同处则可，若谓学于颐兄弟则无是事。顷年属与叔删去，不谓尚存斯言，几于无忌惮。"（《河南程氏外书》卷十一，第414—415页。）

(9) 程子曰："与叔昔者之学杂，故常以思虑纷扰为患。而今也求所以虚而静之，遂以养气为有助也。夫养气之道，非槁形灰心之谓也。人者生物也，不能不动，而欲槁其形，不能不思；而欲灰其心。心灰而形槁，则是死而已也。其从事于敬以直内，所患则亡矣。"（《程氏粹言》卷二，第1258页。）

(10) 及语吕与叔曰："人之器识乃如是之不同也。"与叔曰："夫三子之言如何？"程子曰："最后者善。"与叔曰："善则善矣，观夫子之言，则见有体而无用也。予因善志之。既十有五年，阅故编，见之，思与叔不幸而蚤死，为之陨涕。"（《程氏粹言》卷二，第1269页。）

(11) 与叔、季明以知思闻见为患，某甚喜此论，邂逅却正语及至要处。世之学者，大敝正在此，若得他折难坚叩，方能终其说，直须要明辨。（《河南程氏遗书》卷十五，第171页。）

## 附二:《朱子语类》所见评论①

(1) 吕与叔,惜乎寿不永!如天假之年,必所见又别。程子称其"深潜缜密",可见他资质好,又能涵养。某若只如吕年,亦不见得到此田地矣。"五福"说寿为先者,此也。

(2) 有为吕与叔挽诗云:"曲礼三千目,躬行四十年!"

(3) 吕与叔《中庸》义,典实好看,又有春秋、周易解。

(4) 吕与叔云:"圣人以中者不易之理,故以之为教。"如此,则是以中为一好事,用以立教,非自然之理也。先生曰:"此是横渠有此说。所以横渠没,门人以'明诚中子'谥之,与叔为作谥议,盖支离也。西北人劲直,才见些理,便如此行去。又说出时,其它又无人晓,只据他一面说去,无朋友议论,所以未精也。"

(5) 吕与叔本是个刚底气质,涵养得到,所以如此。故圣人以刚之德为君子,柔为小人。若有其刚矣,须除去那刚之病,全其与刚之德,相次可以为学。若不刚,终是不能成。有为而言。

(6) 看吕与叔《论选举状》:"立士规,以养德厉行;更学制,以量才进艺;定贡法,以取贤敛才;立试法,以试用养才;立辟法,以兴能备用;立举法,以覆实得人;立考法,以责任考功。"先生曰:"其论甚高,使其不死,必有可用。"

(7) 吕与叔后来亦看佛书,朋友以书责之,吕云:"某只是要看他道理如何。"其文集上杂记亦多不纯。想后来见二程了,却好。

(8) 吕与叔集中有与张天骥书。是天骥得一书与他云:"我心广大如天地,视其形体之身,但如蝼蚁。"此也不足辨,但偶然是有此书。

---

① 〔南宋〕朱熹:《程子门人》,载《朱子语类》卷一百零一,见朱杰人、严佐之、刘永翔主编:《朱子全书(第17册)》,上海、合肥:上海古籍出版社、安徽教育出版社2010年版,第2560—2562页。

张天骥便是东坡与他做放鹤亭记者,即云龙处士,徐州人。心广大后,方能体万物。盖心广大,则包得那万物过,故能体此。体,犹"体群臣"之"体"。

（9）吕与叔论颜子等处极好。龟山云云,未是。

（10）吕与叔有一段说轮回。

# 吕切问

吕切问（1076—1133）,字舜从,吕希哲第三子,吕本中叔父,崇宁初年,以党人子弟补任外官,任河南府巩县知县,后再任会稽太守、承务郎、梧州知州、濠州知州等职。绍兴三年（1133年）去世,葬于容州。崇宁初年,程颐七十岁时,吕切问以师礼拜见程颐,问:"当今新法初行,当如何做?"先生曰:"只有义命两字。当行不当行者义也;得失,祸福命也。君子所处,只说义如何耳。"① 吕本中曾云:"吕荣公自少官守处,未尝干人举荐。其子舜从,守官会稽,人或讥其不求知者,舜从对曰:'勤于职事,其它不敢不慎,乃所以求知也。'"② 吕本中记载其事道:"叔父舜从既与东莱公从当世贤士大夫游,尝训子弟曰:'某幸从贤士大夫游,过相与重,然某自省所为,才免禽兽之行而已。未能便合人之理也。何得过相与邪！前辈自警如此。"③ 从这两段事中可见,吕切问的学行确然不俗。

---

① 〔北宋〕程颢、程颐:《河南程氏外书》卷十二,见〔北宋〕程颢、程颐:《二程集》,王孝鱼点校,北京:中华书局1981年版,第444页。

② 〔南宋〕朱熹:《伊洛渊源录》卷七,见朱杰人、严佐之、刘永翔主编:《朱子全书（第12册）》,上海、合肥:上海古籍出版社、安徽教育出版社2010年版,第1012页。

③ 《荥阳学案》,见〔清〕黄宗羲、全祖望:《宋元学案》,陈金生、梁运华点校,北京:中华书局1986年版,第910页。

**附：《二程集》所见答问**

问："当今新法初行，当如何做？"先生曰："只有义命两字。当行不当行者义也；得失，祸福命也。君子所处，只说义如何耳。"(《河南程氏外书》卷十二，第444页。)

# 吕希哲

吕希哲（1036—1114），名相吕公著之长子，字原明，学者称荥阳先生，世为东莱人，自文靖公始居京师，为河南人。因其主张"不主一门，不私一说"，故其学不宗一师，少从焦千之、孙复、石介、胡瑗学，复从张载、程颢、程颐、王安石游。据《宋元学案》记载："先生遍交当世之学者，与伊川俱事胡文定，在太学并舍，年相若也。其后心服伊川学问，首师事之。"[1] 又言："荥阳少年不名一师，初学于焦千之，庐陵之再传也，已而学于安定，学于泰山，学于康节，亦尝学于王介甫，而归宿于程氏。集益之功，至广且大，然晚年又学佛，则申公家学未醇之害也。要之，荥阳之可以为后世师者，终得力于儒。"[2] 可见，吕希哲学问驳杂，最后又染佛，但主要得力于儒家学问。曾经以师礼入程颐门下。他是太学出身，以荫补官，历任兵部员外郎、崇政殿说书、右司谏，知怀州，谪居和州、光禄少卿、知曹州等职务。后人编有《吕氏杂志》《荥阳公说》。其学术思想并无鲜明特色，黄百家评道："吕氏家教

---

[1] 《荥阳学案》，见〔清〕黄宗羲、全祖望：《宋元学案》，陈金生、梁运华点校，北京：中华书局1986年版，第901页。

[2] 《荥阳学案》，见〔清〕黄宗羲、全祖望：《宋元学案》，陈金生、梁运华点校，北京：中华书局1986年版，第902页。

近石氏，故谨厚性成，又能网罗天下贤豪长者，以为师友，耳濡目染，一洗膏粱之秽浊，惜其晚年更从高僧游，尽究其道，斟酌浅深而融通之曰'佛氏之道与吾圣人吻合'。夫圣人以尽伦理为道，种种相背不啻冰炭，是先生于师门之旨不无差谬也。"① 在黄百家看来，吕希哲家教谨厚，善与人交往，故能与当世名儒为师友，在长时间的耳濡目染下，自然洗去纨绔子弟之风气。可惜其晚年与佛教徒交游，认为佛氏之道与圣人之道是相同的，黄氏认为这与其师门的宗旨都是相悖的。当其问学于王安石时，王安石向他说："士未官而事科举者，为贫也。有官矣，而复事于此，是侥幸富贵利达，学者不由也"②，吕希哲信服王氏之言，绝意科举，后以祖上荫功入官。父丧之后，赖范祖禹推荐，出任崇政殿说书，因功提拔为右司谏，连辞不准。绍圣党祸起，出走京师，任怀州知州，再贬和州。宋徽宗初年，复官任单州知州、光禄少卿，以直秘阁知曹州、相州、邢州。终年七十八岁。希哲曾自述其为学境界的变化，他说："十余年前在楚州，桥坏坠水，时觉动心。数年前大病，已稍稍胜前。今次疾病，全不动矣。"③ 以此可见修身之诚。其较有代表性的语录如下。

（1）孝子事亲，须事事躬亲，不可委之使令也。④
（2）后生初学，且须理会气象。气象好时，百事自当。气象

---

① 《荥阳学案》，见〔清〕黄宗羲、全祖望：《宋元学案》，陈金生、梁运华点校，北京：中华书局1986年版，第906页。
② 《荥阳学案》，见〔清〕黄宗羲、全祖望：《宋元学案》，陈金生、梁运华点校，北京：中华书局1986年版，第903页。
③ 《荥阳学案》，见〔清〕黄宗羲、全祖望：《宋元学案》，陈金生、梁运华点校，北京：中华书局1986年版，第903页。
④ 《荥阳学案》，见〔清〕黄宗羲、全祖望：《宋元学案》，陈金生、梁运华点校，北京：中华书局1986年版，第903页。

者，辞令容止，轻重疾徐，足以见之矣。①

（3）少年为学，惟检书最有益。记得精，便理会得子细。②

（4）读书编类语言相似作一处，便见优劣是非。③

（5）中人以下，内无贤父兄，外无严师友，而能有成者，未之有也。④

（6）学者读书，须要字字分明。⑤

朱子对其评价道："吕公家传深有警悟人处，前辈涵养深厚乃如此。但其论学殊有病，如云'不主一门，不私一说'，则博而杂矣。如云'直截劲捷，以造圣人'，则约而陋矣。举此二端，可见其本末之皆病，此所以流于异学，而不自知其非邪？而作此传者，又自有不可晓者，如云'虽万物之理，本末一致，而必欲有为'此类甚多，不知是何等语！……最后论佛学尤可骇叹，程门千言万语，只要见儒者与释氏不同处，而吕公学于程氏，意欲直造圣人，尽其平生之力，乃反见得佛与圣人合，岂不背戾之甚哉？夫以其资质之粹美，涵养之深厚如此，疑若不叛于道，而穷理不精，错谬如此。流传于世，使有志于道而未知所择者，坐为所误，盖非特莠之乱苗、紫之乱朱而已也。"⑥朱子的评价可谓

---

① 《荥阳学案》，见〔清〕黄宗羲、全祖望：《宋元学案》，陈金生、梁运华点校，北京：中华书局1986年版，第904页。

② 《荥阳学案》，见〔清〕黄宗羲、全祖望：《宋元学案》，陈金生、梁运华点校，北京：中华书局1986年版，第904页。

③ 《荥阳学案》，见〔清〕黄宗羲、全祖望：《宋元学案》，陈金生、梁运华点校，北京：中华书局1986年版，第905页。

④ 《荥阳学案》，见〔清〕黄宗羲、全祖望：《宋元学案》，陈金生、梁运华点校，北京：中华书局1986年版，第905页。

⑤ 《荥阳学案》，见〔清〕黄宗羲、全祖望：《宋元学案》，陈金生、梁运华点校，北京：中华书局1986年版，第905页。

⑥ 《荥阳学案》，见〔清〕黄宗羲、全祖望：《宋元学案》，陈金生、梁运华点校，北京：中华书局1986年版，第907—908页。

确论，他认为吕希哲涵养醇厚，却学无纲领，没有持守，程氏之学意在论儒佛之异，而吕希哲则意在求同。从以上评价可见，吕希哲只是资质粹美，涵养醇厚，但学问则乏善可陈。吕希哲之子为吕好问、吕切问。吕好问是吕祖谦的曾祖。

**附：《二程集》所见答问**

（1）伊川二十四五时，吕原明首师事之。（《河南程氏外书》卷十二，第429页。）

（2）丞相久留，左右所助。一意正道者，实在原明耳。（《寄范淳夫书》，《二程文集》遗文，第672页。）

## 吕义山

吕义山，生卒年不详，字子居，吕大钧之子，所传事迹较少。范育称其："能绍家学，亦尝请业于程门。"[①] 其在程门造诣颇高，"能传程门讲席往复之语，其有得于学，可知矣"[②]。据载，程颐与吕大临解"中字，不可即谓之性"，先生对以"中者，性之德"，伊川以为此说近道。以此可见吕义山学术纯粹、高致。

## 马 伸

马伸（？—1128），字时中，山东东平人，天资聪颖，道德纯备。

---

[①]《吕范诸儒学案》，见〔清〕黄宗羲、全祖望：《宋元学案》，陈金生、梁运华点校，北京：中华书局1986年版，第1123页。

[②]《吕范诸儒学案》，见〔清〕黄宗羲、全祖望：《宋元学案》，陈金生、梁运华点校，北京：中华书局1986年版，第1123页。

学者称东平先生。绍圣四年（1097 年）进士，历任成都郫县县丞、西京法曹、监察御史等。崇宁二年（1103 年），拜师程颐，程颐以《中庸》授之。高宗继位后，任殿中侍御史，奉命去潭州督张邦昌自裁，建炎二年（1128 年），因上书弹劾黄潜善、汪伯彦，贬为濮州酒务，死于路上。胡安国在《时政论》中曾记载："伸言潜善、伯彦措置乖方，条其罪状，凡举一事，必立一证，皆众所共知共见，不敢以无为有，以是为非。而当时曾不从用，反以为言事不实而重责之，是罚沮忠谠，邪说何由而息，公道何由而明乎？伸既远贬，虽有诏命，邈无来期，君子闵焉。贲以龙图，犹未尽褒劝之典。乞重加追奖，及其子孙，以承天意。"① 高宗因此诏赠其为谏议大夫。马伸为官，鸡鸣之时，便整衣端坐，诵读《中庸》，而后方则坐堂行事。平时以"吾志在行道。以富贵为心，则为富贵所累；以妻子为念，则为妻子所夺，道不可行也"为宗。

**附：《二程集》所见答问**

崇宁间，言者范致虚攻先生为元祐邪说，朝廷下河南府尽逐学徒。后数月，马伸（时举）及门求见，先生辞之。伸欲先弃官而来，先生曰："近日尽逐学徒，恐非公仕进所利，公能弃官，则官不必弃也。"建炎间，伸为御史论事，公论与之。（《河南程氏外书》卷十一，第415 页。）

# 孟　厚

孟厚，字敦夫，河南洛阳人。生于 1071 年前后，卒年不详。拜师

---

① 〔元〕脱脱等撰：《宋史》，刘浦江标点，长春：吉林人民出版社 1995 年版，第 9233 页。

程颐，兼师王安石。精于科举之业。《宋元学案》曾记有轶事三则，一是他曾经献书给程颐，程颐说："孟厚初时说的也是，其后须没事生事。"① 二是程颐又对他说："子何不见尹焞、张绎？朋友间最好讲学。"② 孟厚遵从师命，拜见尹焞时说："先生令厚来见二公。若彦明固所愿见，如思叔莫不消见否？"尹焞说："只不消见思叔之心，便是不消见焞之心也。"三是当程颐在党禁中去世时，弟子畏惧党祸，不敢送葬，独孟厚与尹焞、张绎、范棫等前往送葬。

**附：《二程集》所见答问**

（1）暇日静坐，和靖、孟敦夫（名厚，颍川人）、张思叔侍。伊川指面前水盆语曰："清静中一物不可着，才着物便摇动。"（《河南程氏外书》卷十二，第430页。）

（2）孟敦夫问："庄子齐物论如何？"曰："庄子之意欲齐物理耶？物理从来齐，何待庄子而后齐？若齐物形，物形从来不齐，如何齐得？此意是庄子见道浅，不奈胸中所得何，遂著此论也。"（《河南程氏遗书》卷二十二上，第289页。）

# 潘　闵

潘闵，字子文，浙江瑞安人。潘闵所存材料不多，主要在《二程集》《宋元学案》等书中，与鲍敬亭等人从伊川游。潘闵节操纯洁，志

---

① 《刘李诸儒学案》，见〔清〕黄宗羲、全祖望：《宋元学案》，陈金生、梁运华点校，北京：中华书局1986年版，第1077页。

② 《刘李诸儒学案》，见〔清〕黄宗羲、全祖望：《宋元学案》，陈金生、梁运华点校，北京：中华书局1986年版，第1077页。

趣高远，因当时时政混乱，党争不断，故绝意科举，隐居不仕。他曾著《逍遥集》一卷，此书与《巨鹿东观集》《东里杨聘君集》同刻于绍定元年（1228年），但现在已经不存。陆子遹对三人评价很高："以高节简知圣心，师表一世而句法清古，语带烟霞，近时罕及。"①

**附：《二程集》所见答问**

潘子文问："'由之瑟奚为于丘之门'，如何？"曰："此为子路于圣人之门有不和处。"（《河南程氏遗书》卷二十二上，第277页。）

# 彭　醇

彭醇（1042—?），字道源，庐陵人，自幼聪颖，自号定庵，又号卧云翁、澈溪居士。程颐弟子。熙宁六年（1073年）进士，任康州、贺州知州、南安太守，治理有方，多获赞誉，尝上书批评王安石之学。崇宁三年（1104年），被入元祐党籍。年近七十，以朝奉大夫致仕，纳禄而归，有《澈溪居士集》五十卷，已不可见。可见的是杨万里曾为其书所作的一篇序言——《〈澈溪居士文集〉后序》，序里说："方其壮也，以文名策上第；及其晚也，以治行最三郡；及其老也，终官朝奉大夫。年未七十，悬车以示子孙。虽曰未达，亦可以为达矣。"②彭醇与苏轼、范祖禹交好，苏轼从海南岛北还之时，彭醇曾致书馈赠。范祖禹在化州去世之时，彭醇亲作祭文。苏轼亦曾作《答彭贺州启》："窜流海国，脱身羁鬼之林；

---

① 〔南宋〕陆子遹：《逍遥词附记三》，见张惠民编：《宋代词学资料汇编》，汕头：汕头大学出版社1993年版，第191页。

② 〔清〕王梓材、冯云濠：《宋元学案补遗》，杨世文、舒大刚等校点，北京：人民出版社2012年版，第1197页。

洒扫真祠，拜赐散人之号。喜归田之有渐，悼报国之无朝。方自愧于心颜，敢闻名于左右？岂谓某官，曲敦雅好，深轸穷途，赐以尺书，借之余论。温词曲尽，贤于十部之见临，陋质增华，果已五浆之先馈。但渐衰朽，虚辱品题。敬佩至言，永以为好。"① 显示出两人的深厚情谊。

## 谯　定

谯定（1023—?），字天授，号达微，自号涪陵先生，人称谯夫子、涪陵处士、涪陵先生，年少沉迷于佛学，先师郭曩，后又拜师程颐，尤其是程颐被贬涪州之后，谯定得以常伴左右，一起研易，得程颐真传，并在蜀地积极传播洛学，创建知名的涪陵学派。知名门人有刘勉之、胡宪、冯时行、张浚等。靖康初年，宋钦宗授其为崇政殿说书，谯定坚持不就，以此可见其影响之大。谯定著有《易传》，惜乎不存。目前留下来的著作主要有《牧牛图诗》及散见于及门弟子、朱子文集中的材料等部分史料等。谯定在所作的《牧牛图诗》的序言中说："学所以明心，礼所以行敬，明心则性斯见，行敬则诚斯至"，② 谯定认为"学"是为了内求"明心"，而非知识性的外求，他在回答胡宪的疑问中，以"盖心为物渍，故不能有见，唯学乃可明耳"③ 答之，重申在"心"上做工夫的重要性，认为"心"为物欲所染，若欲"心"明，则须通过"学"而成。"明心"

---

① 〔北宋〕苏轼：《答彭贺州启》，见李之亮笺注：《苏轼文集编年笺注》，成都：巴蜀书社2011年版，第195页。

② 〔南宋〕朱熹：《朱子语类》卷六十七，见朱杰人、严佐之、刘永翔主编：《朱子全书（第16册）》，上海、合肥：上海古籍出版社、安徽教育出版社2010年版，第2248页。

③ 〔南宋〕朱熹：《籍溪先生胡公行状》，载《晦庵先生朱文公文集》卷九十七，见朱杰人、严佐之、刘永翔主编：《朱子全书（第25册）》，上海、合肥：上海古籍出版社、安徽教育出版社2010年版，第4503页。

还不是最终目的，而是为了"见性"。从这只言片语中，很难看出谯定"明心见性"的详细内涵，但能看出，他的主张已经与佛教相同了。而谯定易学最重要的思想即在对"见乃谓之象"①的诠释上，这是谯定教胡宪学《易》时所说，我们从朱子与弟子的问答中看一下具体的内容。

> 问："籍溪见谯天授问《易》，天授令先看'见乃谓之象'一句，籍溪未悟。"他日又问天授，曰："公岂不思象之在道，犹易之有太极耶？"② 又载：问："籍溪见谯天授问《易》"，天授曰："且看见乃谓之象一句，通此一句则六十四卦、三百八十四爻皆通。"籍溪思之不得，天授曰："岂不知易有太极者乎！"③

从朱子与弟子的转述中可知，谯定认为"见乃谓之象"，不能单从文义上理解，他认为要从更高的层次上理解，也就是说，"象"在道中的位置，如同"太极"在《易》中的位置，且通此一句，即可通晓《易》。显然，谯定有意从本体层面上理解"象"，主张让胡宪先从"本体"入手，认识本体，方是为学工夫，此即"上达而下学"④ 之路。"见乃谓之象"本意是指变化的东西有所显现即是表象，显然，谯定从

---

① 栗品孝先生曾对此有深入分析，此处亦借鉴其研究成果。参见栗品孝：《谯定所谓'见乃谓之象'考释——兼论与朱熹《易》学的分歧及其意义》，见四川大学古籍整理研究所、四川大学宋代文化研究中心编：《宋代文化研究（第九辑）》，成都：巴蜀书社2000年版，第266—272页。

② 〔南宋〕朱熹：《朱子语类》卷六十七，见朱杰人、严佐之、刘永翔主编：《朱子全书（第16册）》，上海、合肥：上海古籍出版社、安徽教育出版社2010年版，第2247页。

③ 〔南宋〕朱熹：《朱子语类》卷六十七，见朱杰人、严佐之、刘永翔主编：《朱子全书（第16册）》，上海、合肥：上海古籍出版社、安徽教育出版社2010年版，第2247—2248页。

④ 朱子说："圣门之学下学而上达……释氏之说上达而下学。"（〔南宋〕朱熹：《答廖子晦》，载《晦庵先生朱文公文集》卷四十五，见朱杰人、严佐之、刘永翔主编：《朱子全书（第22册）》，上海、合肥：上海古籍出版社、安徽教育出版社2010年版，第2247—2248页。）

更高意义上来理解。在此，谯定所要说的确实与佛教工夫相似，也接近程颢的直从本体入手之学。

# 邵伯温

邵伯温（1055—1134），字子文，祖籍范阳（河北涿州）。河南洛阳人。邵雍之子。元祐中，因被荐特授大名府助教，调潞州长子县尉。绍圣初（1094年），章惇为相，欲引用伯温，伯温百计避免。徽宗即位，因日食求言，他上书言事，语极恳至。为小人所忌，出监华州西岳庙。后主管耀州三白渠公事，闻童贯为宣抚，出他州避之。除知果州，擢提点成都路刑狱，卒于利州路转运副使。从邵伯温的为官经历可见其人节操，高尚纯洁，耻与小人为伍。其子邵博曾云："先君子尝曰：吾自为童子，奉康节公几杖于左右，多闻天下之士，故自富文忠公、司马文正公、吕正献公而下，吾皆得从之游，其学道渊源，可尊而行之者，将终吾身焉。"①在《宋史》的传记中亦云："雍名重一时，如司马光、韩维、吕公著、程颐兄弟皆交其门，伯温入闻父教，出则事司马光等，而光等亦屈名位辈行，与伯温为再世交，故所闻日广，而尤熟于当世之务！"②可见，邵雍由于其父的关系，多从当世名儒问学，学问品行自不一般。其学生南宋宰相赵鼎评价其"以学行起元祐，以名节居绍圣，以言废于崇宁"③，可谓是对其一生的总结。邵伯温著书广泛，主要有《易辨惑》

---

① 〔北宋〕邵博：《邵氏闻见录》序，见〔北宋〕邵伯温：《邵氏闻见录》，李剑雄、刘德权点校，北京：中华书局2008年版，第231页。
② 《邵伯温传》，见〔元〕脱脱等：《宋史》，刘浦江标点，长春：吉林人民出版社1995年版，第8916页。
③ 《邵伯温传》，见〔元〕脱脱等：《宋史》，刘浦江标点，长春：吉林人民出版社1995年版，第8918页。

《河南集》《闻见录》《皇极系述》《皇极经世序》《观物内外篇解》等近百卷,皆传于世。

### 附:《二程集》所见答问

宗丞先生谓伯温曰:"人之为学,忌先立标准,若循循不已,自有所至矣。"先人敝庐,厅后无门,由旁舍委曲以出。先人既没,伯温凿壁为门。侍讲先生见之曰:"先生规画必有理,不可改作。"伯温亟塞之。伯温初入仕,侍讲曰:"凡所部公吏,虽有罪,亦当立案而后决,或出于私怒,比具案,怒亦散,不至仓卒伤人。每决人,有未经杖责者,宜慎之,恐其或有立也。"(《河南程氏外书》卷十二,第423—424页。)

# 邵　溥

邵溥(?—1148年),字泽民,河南洛阳人,邵雍之孙,邵伯温长子,程颐及门弟子,又拜师晁崇福,高中进士,北宋末年,曾任礼部员外郎、吏部侍郎等职,在大观元年(1107年)九月庚午乙夜,穿素衣,骑白马,祭典程颐,靖康之难后,在张邦昌建立的大楚国,权户部尚书。宋高宗复国,邵溥因为官大楚一事,遭受连累,尤其是其献宝之举,更是遭受"有愧于师门家学"的非议。据载:"大宋受命之宝,建隆开基所创也。围城中,副留守邵溥取而藏之,张邦昌遣使奉迎大元帅于山东,以为献。"① 高宗质疑其节,贬其为汝州团练副使、陕州安置,绍兴元年(1131年),历任秘阁修撰、川陕宣抚副使、眉州知州、提举

---

① 《刘李诸儒学案》,见〔清〕黄宗羲、全祖望:《宋元学案》,陈金生、梁运华点校,北京:中华书局1986年版,第1082页。

江州太平观等职，因病卒于四川犍为县。邵溥以诗文著称，著有《邵氏集》二十卷，已经佚失。《全宋文》卷三七六九收录其文。邵溥与其祖父邵雍、父邵伯温号为"邵门三贤"。

# 沈躬行

沈躬行，字彬老，号石经，生卒年不详，浙江永嘉人。与许景衡、周行己、赵霄三人，被誉为"元丰太学四先生"。初师林石，后师程颐、吕大临。二十岁时游太学，试礼部不中，不再用心科举，归隐家乡，尤好古学，其学兼传关、洛，以《大学》《中庸》为本，笃信而力行之，卓然以圣贤为依归。据载："石经《春秋》，一代奇宝。王氏为熙丰学，废不用。瑞安彬老蜡而有之，后世孙体仁，阁以庋焉。"① 也就是说，当王安石推行新法，废除《春秋》，他亲自临摹《春秋》，藏于家中，其功至大，受到后世高赞。叶适曾作诗道："喟昔洛门初上石，未久翻遭禁书厄。沈公秘藏百载余，高阁突兀共堆积。万物散聚常横陈，汀花岩草从纷纭。海云化雨龙正起，想象向来悲获麟。"程颐另一弟子周行己在温州建东山私塾，延请其担任主教，不幸早卒。沈躬行著作所留不多，今存诗一首《春闺怨》，录如下，一见其学："春尽辽阳无信来，花奁鸾镜满尘埃。黄莺恰恰惊人梦，欲到郎边却么会。深院无人帘幕垂，漫裁白纻作春衣。停针忽忆当年事，羞问梁间燕子飞。"②

---

① 《周许诸儒学案》，见〔清〕黄宗羲、全祖望：《宋元学案》，陈金生、梁运华点校，北京：中华书局1986年版，第1137页。

② 〔清〕曾唯：《东瓯诗存（上）》，张如元、吴佐仁校补，上海：上海社会科学院出版社2006年版，第13页。

# 时紫芝

　　时紫芝生平不详,从现存的史料来看,时紫芝曾注《太极图》,朱熹说:"时紫芝亦曾见尹和靖来,尝注《太极图》,不知何故,渠当时所传图本,第一个圈内误有一点,紫芝于是从此起意,谓太极之妙皆在此一点。"① 除此之外,时紫芝也辑录有《程子微言》,《河南程氏遗书》卷十一为其所辑。朱熹曾在《程氏外书》卷十一"时氏本拾遗"注:"时紫芝所集,号《程子微言》,凡二十五卷,多改易本语者。"② 同时,我们从汪应辰的荐书中可见其迹:"臣窃以历数之学精通者寡,自古治历必得儒学之士,与日官通共审定,乃能成书。盖日官徒能分部运算,至于索隐探赜,则或非其所及。汉更造太初历,虽唐都、洛下闳各奏其技,而司马迁、壶遂诸人实总之,是非始得坚定。今朝廷以乾道新历测验有差,别加考正,虽责之日官而久无定论。臣伏见左朝散郎时紫芝,问学淹贯,而耽玩数象,用意详密,著《历书》五十卷,辨析异同,推究微隐,多先儒所未到,士人之明历学者,少见其比。伏望圣慈令都堂审察,如实有可取,乞与一在京差遣,仍令与太史官议定新历,庶几仰称陛下钦崇天道之意,取进止。"③ 从这段奏疏中可知,时紫芝曾著有《历书》五十卷,且成就不俗。汪应辰生卒年为1118—1176年,从其曾上奏推荐时紫芝做官可知,时紫芝至少是为数不多的跨越两宋的程门弟子。

---

　　① 〔南宋〕黎靖德:《朱子语类》,王星贤点校,北京:中华书局1986年版,第2389页。
　　② 〔北宋〕程颢、程颐:《二程集》,王孝鱼点校,北京:中华书局1981年版,第9页。
　　③ 〔南宋〕汪应辰:《荐时紫芝历学札子》,见〔南宋〕汪应辰:《文定集》,上海:学林出版社2009年版,第49页。

# 苏 昞

苏昞,字季明,陕西武功人。先师张载,后事二程卒业。元祐末年,因同门吕大忠之荐,起布衣为太常博士。后因越级上书①,入元祐党籍碑,编管饶州。吕大忠认为其"德性纯茂,强学笃志,行年四十,不求仕进,从张载之学,为门人之秀,秦之贤士大夫亦多称之,如蒙擢用,俾充学官之选,必能尽其素学,以副朝廷乐育之意"②。也就是说,在吕大忠看来,苏昞品行端正,立志好学,为张载门人之秀。在张载去世之后,他随其他同门转投二程门下,多次向二程问学,他认为"治经为传道居业之实,居常讲习只是空言无益"③,遭到程颐的批评,程颐说:"居常讲习,空言无实者,盖不自得也。为学治经最好,苟不自得,则尽治五经亦是空言。今有人心得识达所得多矣,有虽读书却患在空虚者,未免此弊。"④ 程颐认为苏昞只看到一面,未看到另一面,有片面之嫌。苏昞在学术造诣上并不出众,著作亦少。他与尹焞交好,是尹焞入洛学的引荐人,孙钟元先生曰:"季明能成彦明于始,彦明能成季明于终,朋友之益大矣哉!"⑤ 可见二人之交情。

---

① 对苏昞之越职上书,胡安国"讥其越职上书,必有非所宜言者。"而尹焞则曰:"当季明上书时,为国家计邪?为身计邪?若为国家计,当欣然赴饶,若为进取计,则饶州之贬,犹为轻典。"(〔南宋〕真德秀:《西山读书记》,见上海师范大学古籍整理研究所编:《全宋笔记(第10编)》,郑州:大象出版社2018年版,第411页。)

② 〔明〕冯从吾:《关学编》,北京:中华书局1987年版,第12页。

③ 〔北宋〕程颢、程颐:《河南程氏遗书》卷一,见〔北宋〕程颢、程颐:《二程集》,王孝鱼点校,北京:中华书局1981年版,第2页。

④ 〔北宋〕程颢、程颐:《河南程氏遗书》卷一,见〔北宋〕程颢、程颐:《二程集》,王孝鱼点校,北京:中华书局1981年版,第2页。

⑤ 《吕范诸儒学案》,见〔清〕黄宗羲、全祖望:《宋元学案》,陈金生、梁运华点校,北京:中华书局1986年版,第1112页。

## 附：《二程集》所见答问

（1）苏季明尝以治经为传道居业之实，居常讲习，只是空言无益，质之两先生。伯淳先生曰："'修辞立其诚'，不可不子细理会。言能修省言辞，便是要立诚。若只是修饰言辞为心，只是为伪也。若修其言辞，正为立己之诚意，却是体当自家敬以直内、义以方外之实事。道之浩浩，何处下手？惟立诚才有可居之处，有可居之处则可以修业也。'终日乾乾'，大小大事，却只是'忠信所以进德'为实下手处，'修辞立其诚'为实修业处。"正叔先生曰："治经，实学也。'譬诸草木，区以别矣。'道之在经，大小远近，高下精粗，森列于其中。譬诸日月在上，有人不见者，一人指之，不如众人指之自见也。如《中庸》一卷书，自至理便推之于事。如国家有九经，及历代圣人之迹，莫非实学也。如登九层之台，自下而上者为是。人患居常讲习空言无实者，盖不自得也。为学，治经最好。苟不自得，则尽治五经，亦是空言。今有人心得识达，所得多矣。有虽好读书，却患在空虚者，未免此弊。"（《河南程氏遗书》卷一，第2页。）

（2）苏季明问："中之道与喜怒哀乐未发谓之中，同否？"曰："非也。喜怒哀乐未发是言在中之义，只一个中字，但用不同。"或曰："喜怒哀乐未发之前求中，可否？"曰："不可。既思于喜怒哀乐未发之前求之，又却是思也。既思即是已发，思与喜怒哀乐一般。才发便谓之和，不可谓之中也。"又问："吕学士言：'当求于喜怒哀乐未发之前。'信斯言也，恐无着摸，如之何而可？"曰："看此语如何地下。若言存养于喜怒哀乐未发之时，则可；若言求中于喜怒哀乐未发之前，则不可。"又问："学者于喜怒哀乐发时固当勉强裁抑，于未发之前当如何用功？"曰："于喜怒哀乐未发之前，更怎生求？只平日涵养便是。涵养久，则喜怒哀乐发自中节。"或曰："有未发之中，有既发之中。"曰："非也。

既发时，便是和矣。发而中节，固是得中，时中之类。只为将中和来分说，便是和也。"(《河南程氏遗书》卷十八，第200—201页。)

(3) 季明问："先生说'喜怒哀乐未发谓之中'是在中之义，不识何意？"曰："只喜怒哀乐不发，便是中也。"曰："中莫无形体，只是个言道之题目否？"曰："非也。中有甚形体？然既谓之中，也须有个形象。"曰："当中之时，耳无闻，目无见否？"曰："虽耳无闻，目无见，然见闻之理在始得。"曰："中是有时而中否？"曰："何时而不中？以事言之，则有时而中。以道言之，何时而不中？"曰："固是所为皆中，然而观于四者未发之时，静时自有一般气象，及至接事时又自别，何也？"曰："善观者不如此，却于喜怒哀乐已发之际观之。贤且说静时如何？"曰："谓之无物则不可，然自有知觉处。"曰："既有知觉，却是动也，怎生言静？人说'复其见天地之心'，皆以谓至静能见天地之心，非也。复之卦下面一画，便是动也，安得谓之静？自古儒者皆言静见天地之心，唯某言动而见天地之心。"或曰："莫是于动上求静否？"曰："固是，然最难。释氏多言定，圣人便言止。且如物之好，须道是好；物之恶，须道是恶。物自好恶，关我这里甚事？若说道我只是定，更无所为，然物之好恶，亦自在里。故圣人只言止。所谓止，如人君止于仁，人臣止于敬之类是也。易之艮言止之义曰：'艮其止，止其所也。'言随其所止而止之，人多不能止。盖人万物皆备，遇事时各因其心之所重者，更互而出，才见得这事重，便有这事出，若能物各付物，便自不出来也。"或曰："先生于喜怒哀乐未发之前下动字，下静字？"曰："谓之静则可，然静中须有物始得，这里便—作最。是难处。学者莫若且先理会得敬，能敬则自知此矣。"或曰："敬何以用功？"曰："莫若主一。"季明曰："昞尝患思虑不定，或思一事未了，它事如麻又生，如何？"曰："不可。此不诚之本也。须是习。习能专一时便好。不拘思虑与应事，皆要求一。"或曰："当静坐时，物之过乎前者，还见不见？"曰："看事如何？若是大事，如祭祀，前旒蔽明，黈纩充耳，凡物之过者，不见不闻也。若无事时，目须见，耳须闻。"或曰："当敬时，虽见闻，莫过焉而不留否？"曰："不说道非礼勿视勿听？勿者禁止之辞，才说弗字便不得也。"问："杂说中以赤子之心为已发，是否？"曰："已发而去道未远也。"曰："大人不失赤子之心，若何？"曰："取其纯一近道也。"曰："赤子之心与圣人之心若何？"曰："圣人之心，如镜，如止水。"(《河南程氏遗书》卷十八，第201—202页。)

(4) 苏季明问："舜'执其两端'注以为'过不及之两端'，是乎？"曰："是。"曰："既过不及，又何执乎？"曰："执犹今之所谓执持使不得行也。舜执持过不及，使民不得行，而用其中使民行之也。"又问："此执与汤执中何如？"曰："执是一个执。舜执两端，是执持而不用。汤执中而不失，将以用之也。若子莫执中，却是子莫见杨、墨过不及，遂于过不及二者之间执之，却不知有当摩顶放踵利天下时，有当拔一毛利天下不为时，执中而不通变，与执一无异。"(《河南程氏遗书》卷十八，第213页。)

(5) 苏昞问："修辞何以立诚？"子曰："苟以修饰言语为心，是伪而已。"(《程氏粹言》卷一，第1184页。)

(6) 与叔、季明以知思闻见为患，某甚喜此论，邂逅却正语及至要处。世之学者，大敝正在此，若得他折难坚叩，方能终其说，直须要明辨。(《河南程氏遗书》卷十五，第171页。)

# 唐 棣

唐棣，字彦思，江苏宜兴人，宋徽宗政和五年（1115年）进士，官至秘书丞。程颐弟子。记录伊川语录一百余条。与程颐有许多答问。

**附：《二程集》所见答问**

（1）棣初见先生问："初学如何？"曰："入德之门，无如《大学》。今之学者，赖有此一篇书存，其他莫如论、孟。"（《河南程氏遗书》卷二十二上，第277页。）

（2）棣问："如何是格物？"先生曰："格，至也，言穷至物理也。"又问："如何可以格物？"曰："但立诚意去格物，其迟速却在人明暗也。明者格物速，暗者格物迟。"（《河南程氏遗书》卷二十二上，第277页。）

（3）棣问："《礼记》言：'有忿、忧患、恐惧、好乐，则心不得其正。'如何得无此数端？"曰："非言无，只言有此数端则不能以正心矣。"又问："圣人之言可践否？"曰："苟不可践，何足以垂教万世？"（《河南程氏遗书》卷二十二上，第278页。）

（4）棣问："看《春秋》如何看？"先生曰："某年二十时看《春秋》，黄赟隅问某如何看？某答曰：'以传考经之事迹，以经别传之真伪。'"（《河南程氏遗书》卷二十二上，第279页。）

（5）棣问："去骄吝，可以为屡空否？"曰："然。骄吝最是不善之总名。骄，只为有己。吝，如不能改过，亦是吝。"（《河南程氏遗书》卷二十二上，第279页。）

（6）棣问："使孔孟同时，将与孔子并驾其说于天下邪？将学孔子邪？"曰："安能并驾，虽颜子亦未达一间耳。颜、孟虽无大优劣，观其立言，孟子终未及颜子。昔孙莘老尝问颜孟优劣，答之曰：'不必问，但看其立言如何。凡学者读其言便可以知其人，若不知其人，是不知言也。'"（《河南程氏遗书》卷二十二上，第280页。）

（7）棣问："《大学》知本，止说'听讼吾犹人也，必也使无讼乎？'无情者不得尽其辞，大畏民志，何也？"曰："且举此一事，其他皆要知本，听讼则必使无讼是本也。"（《河南程氏遗书》卷二十二上，第280页。）

（8）棣问："春秋书王如何？"曰："圣人以王道作经，故书王。"范文甫问："杜预以谓周王，如何？"曰："圣人假周王以见意。"棣又问："汉儒以谓王加正月上，是正朔出于天子，如何？"曰："此乃自然之理。不书春王正月，将如何书？此汉儒之惑也。"（《河南程氏遗书》卷二十二上，第280页。）

（9）棣问："'考仲子之宫'，非与？"曰："圣人之意又在下句，见其'初献六羽'也。言初献，则见前此八羽也。春秋之书，百王不易之法。三王以后，相因既备，周道衰，而圣人虑后世圣人不作，大道遂坠，故作此一书。此义，门人皆不得闻，惟颜子得闻，尝语之曰：'行夏之时，乘殷之辂，服周之冕，乐则韶舞'是也。此书乃文质之中，宽勐之宜，是非之公也。"（《河南程氏遗书》卷二十二上，第283页。）

（10）棣问："'退而省其私，亦足以发'，如何？"曰："孔子退省其中心，亦足以开发也。"又问："岂非颜子见圣人之道无疑欤？"曰："然也。孔子曰：'一以贯之。'曾子便理会得，遂曰：'唯'，其他门人便须辩问也。"（《河南程氏遗书》卷二十二上，第285页。）

（11）又问："祭如在，祭神如神在。"曰："'祭如在'，言祭祖宗。'祭神如神在'，则言祭神也。祭先，主于孝。祭神，主于恭敬。"（《河南程氏遗书》卷二十二上，第285页。）

（12）又问："祭起于圣人制作以教人否？"曰："非也。祭先本天性，如豺有祭，獭有祭，鹰有祭，皆是天性，岂有人不如物乎？圣人因而裁成礼法以教人耳。"又问："今人不祭高祖，如何？"曰："高祖自有服，不祭甚非。某家却祭高祖。"又问："天子七庙，诸侯五，大夫三，士二，如何？"曰："此亦只是礼家如此说。"又问："今士庶家不可立庙，当如何也？""庶人祭于寝，今之正厅是也。凡礼，以义起之可也。

如富家及士，置一影堂亦可，但祭时不可用影。"又问："用主如何？"曰："白屋之家不可用，只用牌子可矣。如某家主式，是杀诸侯之制也。大凡影不可用祭，须无一毫差方可，若多一茎须，便是别人。"（《河南程氏遗书》卷二十二上，第285—286页。）

（13）棣又问："克己复礼，如何是仁？"曰："非礼处便是私意。既是私意，如何得仁？凡人须是克尽己私后，只有礼，始是仁处。"（《河南程氏遗书》卷二十二上，第286页。）

（14）棣问："如仪礼中礼制，可考而信否？"曰："信其可信。如言昏礼云，问名、纳吉、纳币、皆须卜，岂有问名了而又卜？苟卜不吉，事可已邪？若此等处难信也。""又尝疑卜郊亦非，不知果如何？"曰："春秋却有卜郊，但卜上辛不吉，则当卜中辛，中辛又不吉，则当便用下辛，不可更卜也。如鲁郊三卜，四卜，五卜，而至不郊，非礼。"又问："三年一郊，与古制如何？"曰："古者一年之闲，祭天甚多，春则因民播种而祈谷，夏则恐旱暵而大雩，以至秋则明堂，冬则圆丘，皆人君为民之心也。凡人子不可一日不见父母，国君不可一岁不祭天，岂有三年一亲郊之理？"（《河南程氏遗书》卷二十二上，第286—287页。）

（15）棣问："福善祸淫如何？"曰："此自然之理，善则有福，淫则有祸。"又问："天道如何？"曰："只是理，理便是天道也。且如说皇天震怒，终不是有人在上震怒？只是理如此。"又问："今人善恶之报如何？"曰："幸不幸也。"（《河南程氏遗书》卷二十二上，第290页。）

（16）棣问："孔、孟言性不同，如何？"曰："孟子言性之善，是性之本，孔子言性相近，谓其禀受处不相远也。人性皆善，所以善者，于四端之情可见，故孟子曰：'是岂人之情也哉？'至于不能顺其情而悖天理，则流而至于恶，故曰：'乃若其情，则可以为善矣。'若，顺也。"又问："才出于气否？"曰："气清则才善，气浊则才恶。禀得至清之气生者为圣人，禀得至浊之气生者为愚人。如韩愈所言、公都子所问之人是也。然此论生知之圣人。若夫学而知之，气无清浊，皆可至于善而复性之本。所谓'尧、舜性之'，是生知也；'汤、武反之'，是学而知之也。孔子所言上知下愚不移，亦无不移之理，所以不移，只有二，自暴自弃是也。"又问："如何是才？"曰："如材植是也。譬如木，曲直者性也；可以为轮辕，可以为梁栋，可以为榱桷者才也。今人说有才，乃是言才之美者也。才乃人之资质，循性修之，虽至恶可胜而为善。"又问："性如何？"曰："性即理也，所谓理，性是也。天下之理，原其所自，未有不善。喜怒哀乐未发，何尝不善？发而中节，则无往而不善。凡言善恶，皆先善而后恶；言吉凶，皆先吉而后凶；言是非，皆先是而后非。"又问："佛说性如何？"曰："佛亦是说本善，只不合将才做缘习。"又问："说生死如何？"曰："譬如水沤，亦有些意思。"又问："佛言生死轮回，果否？"曰："此事说有说无皆难，须自见得。圣人只一句尽断了，故对子路曰：'未知生，焉知死？'佛亦是西方贤者，方外山林之士，但为爱胁持人说利害，其实为利耳。其学譬如以管窥天，谓他不见天不得，只是不广大。"（《河南程氏遗书》卷二十二上，第291—292页。）

（17）棣问："'天王使宰咺来归惠公、仲子之赗'，如何？"答曰："书天王者，以春秋之始，周方书此一件事，且存天王之号以正名分，非谓此事当理而书也，故书宰之名以示贬。仲子是惠公再娶之夫人，诸侯无再娶理，故只书惠公、仲子，不称夫人也。"又问："左氏以为未薨，预凶事，非礼也。"曰："不然，岂有此理？夫人子氏自是隐公之妻，不干仲子事。"（《河南程氏遗书》卷二十二下，第303页。）

（18）又问："再娶皆不合礼否？"曰："大夫以上无再娶礼。凡人为夫妇时，岂有一人先死，一再娶，一人再嫁之约？只约终身夫妇也。但自大夫以下，有不得已再娶者，盖缘奉公姑，或主内事尔。如大夫以上，至诸侯天子，自嫔妃可以供祀礼，所以不许再娶也。"（《河南程氏遗书》卷二十二下，第 303 页。)

(19)春秋书盟，如何？先王之时有盟否？或疑周官司盟者。曰："先王之时所以有盟者，亦因民而为之，未可非司盟也。但春秋时信义皆亡，日以盟诅为事，上不遵周王之命，春秋书，皆贬也。唯胥命之事稍为近正，故终齐、卫二君之世不相侵伐，亦可喜也。"

"纪子伯莒子盟于密"，此是伯上脱一字也，必是三人同盟。若不是脱字，别无义理。

"齐高固来逆叔姬，公、谷有子字，如何？"曰："子者言是公女，其他则姊妹之类也。"(《河南程氏遗书》卷二十二下，第 303—304 页。)

(20)又问："'丁丑，夫人姜氏入'，何故独书曰'入'？"曰："此娶仇女，故书'入'，言宗庙不受也。"(《河南程氏遗书》卷二十二下，第 304 页。)

(21)又问："公子结媵陈人之妇于鄄，遂及齐侯、宋公盟。"曰："此是本去媵妇，却遂及诸侯盟，圣人罪之之意，在遂事也。"(《河南程氏遗书》卷二十二下，第 304 页。)

(22)又问："'祭公来，遂逆王后于纪'，如何？"曰："此祭公受命逆后，却因过鲁，遂行朝会之礼，圣人深罪之，故先书其来，使若以朝鲁为主，而逆后为遂也。"曰："或说逆王后，亦使鲁为主，如何？"曰："筑王姬之馆，单伯送王姬之类，皆是鲁为主。盖只是王姬下嫁，则同姓诸侯为主，如逆王后，无使诸侯为主之理。"(《河南程氏遗书》卷二十二下，第 304 页。)

(23)问："独宋共姬书首尾最详，何故？"曰："贤伯姬，故详录之。昔胡先生常说伯姬是妇人中伯夷，为其不下堂而死也。"曰："如成八年、九年、十年，三书来媵，皆以伯姬之故书否？"曰："然。""媵之礼如何？"曰："古有之。"(《河南程氏遗书》卷二十二下，第 304 页。)

(24)又问："汉儒谈春秋灾异，如何？"曰："自汉以来，无人知此。董仲舒说天人相与之际，亦略见些模样，只被汉儒推得太过。亦何必说某事有某应？"（《河南程氏遗书》卷二十二下，第304页。）

（25）棣问："纪裂繻为君逆女，如何？"曰："逆夫人是国之重事，使卿逆亦无妨。先儒说亲逆甚可笑。且如秦君娶于楚，岂可越国亲迎耶？所谓亲迎者，迎于馆耳。文王迎于渭，亦不是出疆远迎，周国自在渭傍。先儒以此，遂泥于亲迎之说，直至谓天子须亲迎。况文王亲迎之时，乃为公子，未为君也。"（《河南程氏遗书》卷二十二上，第283页。）

（26）棣问："'天王使宰咺来归惠公、仲子之赗'，如何？"答曰："书天王者，以春秋之始，周方书此一件事，且存天王之号以正名分，非谓此事当理而书也，故书宰之名以示贬。仲子是惠公再娶之夫人，诸侯无再娶理，故只书惠公、仲子，不称夫人也。"又问："左氏以为未薨，预凶事，非礼也。"曰："不然，岂有此理？夫人子氏自是隐公之妻，不干仲子事。"（《河南程氏遗书》卷二十二下，第303页。）

# 田述古

田述古（1031—1100），字明之，原为山东安丘人，后徙居河南洛阳，与尹材、张云卿并称为"洛中三贤"。刘跂做有《田明之行状》。早年游事安定胡瑗先生，称高弟，四荐于乡不中，遂隐居二十余年。后历任郑州教授、襄州司法参军、通利军签判等职，官至奉议郎。述古为人淳静简易，不为表暴，坦荡不二，与人交倾尽不疑，穷经讲学，不喜功名，其读书唯《易》《中庸》《论语》《孟子》，对《老子》《杨子》亦反复熟读。曾注有《易言》，陈正端曾评价是书："田明之说易，所以尤多过者，须要说天应故也。"① 在司马光、邵雍、二程居洛期间，述古又从之游。其师出多门，为司马光所深喜。曾言："道言之必可行，行之必可言。今学者泥章句，不知妙在日用。"②

# 王　苹

王苹（1082—1153），字信伯，父早卒，后随伯父王伯起生活。程颐在洛阳讲学，其伯父遣其问学于程颐，后又以晚辈身份拜师于同门杨时，受到杨时高度赞扬，成为洛学高弟。尤通《春秋》，因王安石废《春秋》，故绝意科举。后于建炎四年（1130年）参与编纂神宗、哲宗两朝实录，绍兴四年（1134年）因平江知府孙佑向宋高宗荐其"素行高洁，有忧时爱君之心，开物成务之学"③，受高宗召对，补右迪功郎，赐进士出身，高宗称其"学有师承，亲闻道要既久，声实自彰，盖将使国人有所矜式勉行尔"④。后王苹又历任左承议郎、秘书省正字兼史馆校勘、著作佐郎、常州通判、左宣教郎，右朝散大夫等职务，后因其侄子王谊十四岁时作"可斩秦桧以谢天下"⑤语，为秦桧得知，秦以亲之故迁罪于王苹，夺官罢职，坐废于家，久之复官，掌管台州崇道观，后以

---

① 《安定学案》，见〔清〕黄宗羲、全祖望：《宋元学案》，陈金生、梁运华点校，北京：中华书局1986年版，第56页。
② 《安定学案》，见〔清〕黄宗羲、全祖望：《宋元学案》，陈金生、梁运华点校，北京：中华书局1986年版，第56页。
③ 〔南宋〕王苹：《王著作集》，见《文津阁四库全书（第379册）》北京：商务印书馆2005年版，第585页。
④ 〔南宋〕王苹：《王著作集》，见《文津阁四库全书（第379册）》北京：商务印书馆2005年版，第590页。
⑤ 〔南宋〕王苹：《王著作集》，见《文津阁四库全书（第379册）》，北京：商务印书馆2005年版，第590页。

年高致仕，于绍兴二十三年（1153年）病卒，终年七十二岁。

王苹延续程门不喜著作，专务涵养之门风①，其著作主要有《论语集解》，未成而卒，现只存有一篇《论语序》；《周易传》一卷；门人弟子所记《震泽集善录》。《四库全书》曾详细叙述其著作传演历程。② 其著述甚少，现存本内容亦不多，且多是祭文、附录等，且其《论语集解》已亡佚，思想主要见于弟子所记之《震泽记善录》，仅寥寥数语，以上种种亦是造成其不为后人重视之缘由。

王苹作为程颐及杨时的高弟，全祖望论其在哲学史上的地位，道："洛学之入秦也以三吕，其入楚也以上蔡，司教荆南，其入蜀也以谢湜、马涓，其入浙也以永嘉周刘许鲍数君，而其入吴也以王信伯（王苹），信伯极为龟山所许，而晦翁最贬之，其后阳明又最称之，予读信伯集，颇启象山之萌芽，其贬之者以此，其称之者亦以此。象山之学本无所承，东发（黄震）以为遥出于上蔡，予以为兼出于信伯，盖程门已有此一种矣。"③究观王苹之思想，全氏之说并非虚论，他认为王苹（字信

---

① 南宋学人袁万顷为王苹所作书跋道："程门诸贤，多不著书，大抵要于涵养持守处用工，盖二程夫子教人之法如是也。明道尝云，若不能存养，只是说话。伊川因尹和靖说易曰'且更涵养，莫要轻说'，及答横渠所论亦欲其全养思虑，涵泳义理，他日自当条畅。今观著作王先生遗稿，奏篇仅存十余，他文不过数则，读之皆温醇平实，沈潜蕴藉，蔼然有余味，真得程氏之传矣。"（〔南宋〕王苹：《王著作集》，见《文津阁四库全书（第379册）》，北京：商务印书馆2007年版，第585页。）

② 《四库全书总目》"陈氏（陈振孙，南宋藏书家）著录作四卷，宝佑中其曾孙思文刊于吴学，卢钺为序，此本为明弘治中苹十一世孙观所编，一卷为传道支派图，二卷为剳子杂文十余篇，三卷以下为像赞题跋及门人私志语录之类，较陈氏所记卷数遽增一倍，然遗文不过一卷，余皆附录，实则亡佚四分之三。盖捃拾残剩而成，已非旧本，以其学出伊洛，而能不附秦桧，立身无愧于师门，故录而存之，不以残阙废焉。"参见〔清〕永瑢：《四库全书总目》，合肥：黄山书社2007年版，第2646页。祝尚书在《宋人别集叙录》中对此曾有批判，认为馆臣之语考证不细，有几处疏忽。祝氏之说可信，因不是本书重点，兹不赘述。参见祝尚书：《宋人别集叙录（下）》，北京：中华书局1999年版，第364页。

③ 《明道学案》，见〔清〕黄宗羲、全祖望：《宋元学案》，陈金生、梁运华点校，北京：中华书局1986年版，第556页。

伯）不仅使洛学得以在吴地（今苏州吴江市）薪火相传，同时也开心学端绪，故全氏以为心学并非陆九渊所始创，实是洛学中"已有此一种矣"。其人已为时人所重视，如同门及师傅杨时称"同门后来成就莫出信伯者"①，同门好友尹焞称："朋友切磋之道，废而不讲，正赖吾信伯也。"② 胡安国亦说"其学有师承，识通世务，使司献纳，必有补于圣时"③，同道中人朱震、胡安国、胡寅、尹焞等皆举以自代，充任经筵侍讲。后王阳明"极称之，要之，其中亦有可取者"④，黄宗羲以"著作语录不得为恨，今予幸得见之"⑤。由此可见王苹在学术史上的地位。王苹为心学之肇始者，不仅从义理上可以得到印证，且从其学派传衍上亦可彰显。王苹收徒讲学，创立震泽学派。有名弟子如杨邦弼、章宪、章恕、周宪、范如圭、曾几、曾逮、陆景瑞、施庭先、宋宜之、方翥等。在众弟子中，惟陆景瑞之弟子林艾轩，与陆九渊互为讲友⑥，交相问学，影响在所难免。全祖望说："艾轩宗旨本于和靖者反少，而本于信伯者反多，实先槐堂之三陆而起，特槐堂贬及伊川，而艾轩则否，故晦翁于艾轩无贬词，终宋之世，艾轩之学别为源流。"⑦ 陆九渊自称其学本诸孟

---

① 〔南宋〕王苹：《王著作集》，见《文津阁四库全书（第379册）》，北京：商务印书馆2005年版，第584页

② 〔南宋〕王苹：《王著作集》，见《文津阁四库全书（第379册）》，北京：商务印书馆2005年版，第584页

③ 〔南宋〕王苹：《王著作集》，见《文津阁四库全书（第379册）》，北京：商务印书馆2005年版，第584页

④ 《明道学案》上，见〔清〕黄宗羲、全祖望：《宋元学案》，陈金生、梁运华点校，北京：中华书局1986年版，第561页。

⑤ 《明道学案》上，见〔清〕黄宗羲、全祖望：《宋元学案》，陈金生、梁运华点校，北京：中华书局1986年版，第563页。

⑥ 《宋元学案》卷五十八、卷四十七之《象山学案》与《艾轩学案》皆有论述。参见〔清〕黄宗羲、全祖望：《宋元学案》，陈金生、梁运华点校，北京：中华书局1986年版，第1710页、1473页。

⑦ 《艾轩学案》，见〔清〕黄宗羲、全祖望：《宋元学案》，陈金生、梁运华点校，北京：中华书局1986年版，第1470页。

子，没有师承，但其受王苹三传弟子林光朝之影响亦不能否认。全氏又说："象山之学，先立乎其大者，本乎孟子。足以砭末俗口耳支离之学，但象山天分高，出语惊人，或失于偏面不自知，是则其病也。程门自谢上蔡（良佐）以后，王信伯（苹）、林竹轩（季仲）、张无垢至于林艾轩（光朝），皆其前茅，及象山而大成，而其宗传亦最广。"① 全氏认为象山之学并非横空出世，而实际上是程门中亦有此一种倾向。洛学中能衍生出心学之倾向，实非偶然。二程在心性论上的分歧早已为哲人所深究。程颢被认为心学之宗师，故洛学弟子中能开出心学之新面向并非空穴来风。二程高标"天理"，其"心性论"乃从"宇宙论"下贯而来，而王苹则对宇宙论并无兴趣，且在涵养工夫上着力甚多，其心性论并不从宇宙论入手，而是着意凸显"心"之地位，即本体即工夫之工夫形态，然却不如陆、王之彻底。

王苹开出洛学新面向已无可疑，但因其尚处在洛学复振阶段，他的思想必然遭到以接续伊洛道统为己任的朱子的清理和批驳，却受到心学家王阳明、黄宗羲的高赞。王苹的毁誉参半皆在于其使洛学向心学发生实质性的转向，开创出新的理论形态，但他仍然是在理学的视域下尝试的理论突破，其粗略处处可见，如王阳明批评陆象山"未免沿袭之累"②，王苹亦有此病，他也沿用宋儒的流行话语，但是我们不能对心学派的肇始者过多苛责，毕竟理论的成熟是在不断完善的过程中实现的，王苹在心学史上的研究意义不可小觑。

**附：《二程集》所见答问**

（1）王信伯问学于伊川曰："愿闻一言。"先生曰："勿信吾言，但

---

① 《止斋学案》，见〔清〕黄宗羲、全祖望：《宋元学案》，陈金生、梁运华点校，北京：中华书局1986年版，第1710页。

② 〔明〕王守仁：《传习录》上，见吴光等编：《王阳明全集（第1册）》，杭州：浙江古籍出版社2011年版，第180页。

信取理。"(《河南程氏外书》卷十一,第412页。)

(2) 问:"将孔孟之言切要处思索如何?"曰:"须是熟看语孟,玩味咀嚼。伊川云'若熟看语录,亦自得'者此也。当时门人有问:'且将语孟紧要处看如何?'伊川曰:'固是好,若有得,终不浃洽。盖吾道非如释氏,一见了便从空寂去。'"(《河南程氏外书》卷十二,第441—442页。)

(3) 问:"伊川说'人之生也直,是天命之谓性。'谢显道云:'顺理之谓直。窃谓顺理是率性之事,天命之性无待于顺理也。'二说异同?"曰:"伊川说上一截,显道说下一截。"(《河南程氏外书》卷十二,第442页。)

(4) 先生曰:"明道犹有谑语,若伊川则全无。"问:"如何谑语?"曰:"明道闻司马温公解中庸,至人莫不饮食,鲜能知味,有疑遂止,笑曰:'我将谓从天命之谓性便疑了。'伊川直是谨严,坐间无问尊卑长幼,莫不肃然。"(《河南程氏外书》卷十二,第442页。)

(5) 一日,偶见秦少游,问:"'天若知也和天瘦'是公词否?"少游意伊川称赏之,拱手逊谢。伊川云:"上穹尊严,安得易而侮之?"少游面色骍然。(《河南程氏外书》卷十二,第442页。)

(6) 先生曰:"伊川年四十以后,记性愈进,今人年长则健忘,岂可不知其故哉?"(《河南程氏外书》卷十二,第442页。)

# 吴 给

吴给,字敦仁,生卒年不详,但从其与秦桧的交往中可知,其是程颐门下为数不多的跨越两宋的弟子,其一生主要在宦海浮沉,历任监察御史、左司郎官、承议郎、徽猷阁待制、东平知府等,其在学术上造诣并不显著。黄宗羲在《宋元学案》中赞其"以大节见于时",也就是说他是非常有气节的。当张邦昌僭位时,吴给曾"约中丞秦桧共为议状,愿复嗣君,以安四方。且论邦昌当上皇时,蠹国乱政,以致社稷倾危,金人怨,执桧去"①。也就是说,为了恢复赵宋王朝的统治,他约秦桧一起写议状反对张邦昌的统治,导致秦桧被金人俘虏。在洛学遭受学禁之际,随着政治形势的变化,"颐之门人,如杨时、刘安节、许景衡、马伸、吴给等稍稍进用"②,吴给充分发挥卫道者的角色,为洛学复振积极摇旗呐喊,终于开创"绍兴之初,程氏之学始盛"③的局面。至于他的思想,仅存的寥寥无几,从张九成的转述中可知,吴给曾说过:"孟子云'乍见孺子'乍见字,极有意义。"④

## 鲜于侁

鲜于侁(1018—1087),字子骏,唐鲜于叔明后裔,四川阆中人,今七里镇鲜于村为其故里,有读书台、鲜于井等遗迹。《宋史》《东都史略》有传,秦观为其作《鲜于子骏行状》。著有《诗传》二十卷、《周易圣断》七卷、《文集》二十卷、《典说》一卷、《治世谠言》七卷、《刀笔集》三卷,但大多散佚,仅存诗文数篇。《宋诗纪事补遗》《宋文鉴》《永乐大典》(辑本)等书录其诗五十余首,《宋代蜀文辑存》录其文十一篇。宋仁宗景祐五年(1038年)进士,调京兆府栎阳县主簿,

---

① 〔明〕陈邦瞻:《宋史纪事本末》,北京:中华书局1977年版,第604页。
② 〔北宋〕程颢、程颐:《河南程氏遗书》附录,见〔北宋〕程颢、程颐:《二程集》,王孝鱼点校,北京:中华书局1981年版,第348页。
③ 〔南宋〕陆游:《老学庵笔记》,王欣点评,青岛:青岛出版社2002年版,第192页。
④ 〔清〕冯云濠、王梓材:《宋元学案补遗》,杨世文、舒大刚等整理,人民出版社2012年版,第1185页。

英宗时，累官至屯田郎中，与王安石多有交恶。熙宁十年（1077年）任京东路转运使，兼管莱芜监，1085年再度任京东路转运使，利州路转运判官，升副使兼提举常平仓事，后任集贤殿修撰、陈州知州。鲜于侁为人正直，由其荐举的刘挚、苏轼、苏辙、范祖禹等人，皆守道背时之士。王安石居住金陵时，名声显赫，士大夫皆盼其为相，独侁说："是人若用，必坏乱天下。"后宋神宗欲用鲜于侁，王安石极力阻止，神宗曰："侁有文学，可用。"安石曰："陛下何以知之？"神宗曰："有章奏在。"神宗亲自拔擢其为扬州知州，并说："广陵重镇，久不得人，今朕自选卿往，宜善治之。"以此可见鲜于侁的为人和名声。鲜于侁与苏轼交好，苏轼因乌台诗案被贬，经过扬州时，其他人皆避而不见，而鲜于侁则不避风险，亲往拜见，苏轼劝其烧毁两人来往书信，以免招灾。鲜于侁则不许，说："欺君负友，吾不忍为，以忠亦分遣，吾所愿也。"① 鲜于侁声望显著，受到朝野高赞，"裕陵称其文学，司马文正公称其政事，苏文忠公称其词章，泰山孙先生称其经术"②，所著《诗传》《易断》，为范镇，孙甫推许。孙复与其辩论《春秋》，认为别人皆不如他。鲜于侁作诗平澹渊粹，擅长《楚辞》，苏轼赞其近屈原、宋玉，自己不能及也。全祖望亦称赞其"论新法最为平允"。③ 要之，鲜于侁的学术成就主要在诗文，而非理学。

**附：《二程集》所见答问**

鲜于侁问伊川曰："颜子何以能不改其乐？"正叔曰："颜子所乐者

---

① 〔元〕脱脱等撰；《宋史》，刘浦江标点，长春：吉林人民出版社1995年版，第7704页。

② 〔南宋〕魏了翁：《跋鲜于侁子骏帖》，见曾枣庄：《宋代序跋全编（第7册）》，济南：齐鲁书社2015年版，第4941页。

③ 〔清〕全祖望：《鲜于侁雪岩诗石本跋》，见〔清〕全祖望：《全祖望集汇校集注》，朱铸禹汇校集注，上海：上海古籍出版社2000版，第729页。

何事?"侁对曰:"乐道而已。"伊川曰:"使颜子而乐道,不为颜子矣。"侁未达,以告邹浩。浩曰:"夫人所造如是之深,吾今日始识伊川面。"《胡文定公集》记此事云:安国尝见邹至完,论近世人物,因问程明道如何?至完曰:"此人得志,使万物各得其所。"又问伊川如何?曰:"却不得比明道。"又问何以不得比?曰:"为有不通处。"又问侍郎,先生言伊川不通处,必有言行可证,愿闻之。至完色动,徐曰:"有一二事,恐门人或失其传。"后来在长沙,再论河南二先生学术。至完却曰:"伊川见处极高。"因问何以言之?曰:"昔鲜于侁曾问:'颜子在陋巷,不改其乐,不知所乐者何事?'伊川却问曰:'寻常说颜子所乐者何?'侁曰:'不过是说颜子所乐者道。'伊川曰:'若说有道可乐,便不是颜子。'以此见伊川见处极高。"又曰:"浩昔在颍昌,有赵均国者,自洛中来。浩问:'曾见先生,有何语?'均国曰:'先生语学者曰:"除却神祠庙宇,人始知为善。古人观象作服便是为善之具。"'"又《震泽语录》云:伊川问学者,颜子所乐者何事?或曰:"乐道。"伊川曰:"若说颜子乐道,孤负颜子。"邹至完曰:"吾虽未识伊川面,已识伊川心。何其所造之深也!"(《河南程氏外书》卷七,第395—396页。)

# 萧　楚

　　萧楚(1064—1130),字子荆,江西庐陵人,号三顾隐客,程颐弟子。私谥为"清节先生"。绍圣年间,考礼部落榜。时当蔡京当国,他对其深表不满,将其比做汉代的王莽,并绝意仕途,专心著书,作《春秋辨疑》十卷,南宋四名臣之一的弟子胡铨认为此书因乃是因为是时权臣当道而发,言论平正,与孔子笔削春秋之义相一致,当胡铨因《春秋》登第归,拜见他时,他告之曰:"学者非但拾一第,身可杀,学不可辱,毋祸我《春秋》乃佳"①,此足见萧楚为学严谨之风。今存有四卷本《春秋辨疑》,四十四篇文章。弟子胡铨著有《清节先生

---

① 吴国武:《两宋经学学术编年》,南京:凤凰出版社2015年版,第494页。

墓志铭》。萧楚的思想主要体现在其春秋学著作《春秋辨疑》中，该书打破以往的注疏体格式，改为单篇文章组成。《宋史翼》认为该书大旨在于："为权奸柄国而发，而持论正大，实有合尼山笔削之义。"① 《四库全书》认为该书"主于以统制归天王，而深戒威福之移于下"②，洵为确论。

## 萧 服

萧服（1059—1114），字昭甫，江西庐陵人。萧定基之孙，萧汝奭之子。《宋史》卷三百四十八有传。在其祖父在世之日，家族中列于朝者有18人。元丰五年（1082年）登进士科，任山阴县主簿、望江县知县、高安县知县，有政绩，擢为将作少监。宋徽宗赞其有"诤臣之风"，升为监察御史。因得罪蔡京，被羁管处州，后起为吏部员外郎，出知蕲州。萧服接引后学，乐于教人，当时的名贤向子諲、郑刚中、辛炳等皆拜其门下，其他名士更是不可胜数。南宋名臣对其多有论述，《跋萧氏敦节堂诗》云："徽宗朝名御史萧服，字昭甫，吉水人，坐不肯罗织吴门章縡私铸狱，拂蔡京意，羁管虔州，后起为吏部员外郎。"③ 以此可见萧服为人正直，风骨卓越。《跋萧御史荐宗室縡奏状稿》云："某往闻大观御史萧公，特摻如松筠，不以时宰风指轻重诏狱。九原虽远，真气凛然。今读荐宗室孝穆公书，

---

① 《范许诸儒学案》，见〔清〕黄宗羲、全祖望：《宋元学案》，陈金生、梁运华点校，北京：中华书局1986年版，第1446页。

② 《范许诸儒学案》，见〔清〕黄宗羲、全祖望：《宋元学案》，陈金生、梁运华点校，北京：中华书局1986年版，第1446页。

③ 〔南宋〕周必大：《跋萧氏敦节堂诗》，载《文忠集》卷四十九，见《文渊阁四库全书》（第1147册）》，台北：台湾商务印书馆1986年版，第526页。

又知好贤奖善，出于天性。要之，此公任职居官，无不尽其心，非为神羊在首，一时以决狱为刚也。"① 由此可知萧服正气凛然，节操出众。辛炳为作行状（早佚），胡铨为作《监察御史萧公墓志铭》（载《澹庵先生文集》卷二十九）。萧服曾经奉诏作《崇宁备官记》，得到皇帝的赞赏："服文辞劲丽，宜居翰苑，朕爱其鲠谔，顾台谏中何可缺此人？"② 萧服为政注重教化，寻访古迹，得王祥卧冰池、孟宗泣笋台，皆筑亭以为纪念，同时也刻唐代县令鞠信陵文，告知乡民，在其感召之下，乡民朱氏刮股给母亲治病，皆以为是其治化所致。萧服著有《接伴辽使语录》，罗洪先有《跋萧服接送辽使语录》。萧服有文集十卷，皆佚失。目前仅有《全宋文》存其于崇宁五年（1106年）所作的《崇宁备官记》一文。

# 谢良佐

谢良佐（1050—1103），字显道，河南上蔡人，又称"谢上蔡"，师从程颢、程颐，程门四大弟子之一。元丰八年（1085年）进士，任职应城知县、渑池知县、秦州教授等。建中靖国年间，徽宗召对，他退曰"上意不诚"，授予京西竹木场官职。后因坐言"建中靖国"与唐德宗年号"建中"同，恐有播迁之祸，被宋徽宗治罪入狱，废为庶民。崇宁二年（1103年），谢良佐病逝。谢良佐在程门当中地位甚高，尤为二程所

---

① 〔南宋〕周必大：《跋萧御史荐宗室赕奏状稿》，载《文忠集》卷十六，见《文渊阁四库全书（第1147册）》，台北：台湾商务印书馆1986年版，第151—152页。
② 〔元〕脱脱等：《宋史》，刘浦江标点，长春：吉林人民出版社，第7758页。

欣赏，程颢说："此秀才展拓的开，将来可望。"① 而程颐曾指良佐谓朱公掞说："此人为切问近思之学。"② 故全祖望说："明道喜龟山，伊川喜上蔡"③，又说："洛学之魁，皆推上蔡。"④ 黄宗羲说："程门高弟，余窃以上蔡为第一"⑤，以此可见谢良佐在程门中的地位。他先师程颢后从程颐，然其学多承程颢，且多有发明超越。谢良佐基本搁置对理气论的讨论，重点转向对心性论的讨论。但并不是全面涉及，而突出对"仁"和"心性工夫"的探究。朱子总论良佐之学道："以生意论仁，以实理论诚，以常惺惺论敬，以求是论理，其命意皆当，而直指穷理居敬为入德之门，尤得明道教人之纲领。"⑥ 此概括可谓精确。然谢良佐著作存世甚少，仅有语录三卷留存下来，此论结合陈来先生主编的《早期道学话语的形成与演变》一书中所辑录的谢良佐《论语解》⑦。首先，谢良佐提出"性体心用"，严分心性的区别，谢良佐认为心、性是不同的，他认为"心"是发用处，而"性"是"自然"。这就从作用处区分了"心"与"性"，并准确把握了"心"之功能。"情"确实是"心"之发用处。但谢良佐与程颢一样，并未对此"发用"进行区分。对于

---

① 〔南宋〕朱熹：《上蔡语录》卷上，见朱杰人、严佐之、刘永翔主编：《朱子全书外编（第 3 册）》，上海：华东师范大学出版社 2010 年版，第 18 页。

② 《上蔡学案》，见〔清〕黄宗羲、全祖望：《宋元学案》，陈金生、梁运华点校，北京：中华书局 1986 年版，第 916 页。

③ 《上蔡学案》，见〔清〕黄宗羲、全祖望：《宋元学案》，陈金生、梁运华点校，北京：中华书局 1986 年版，第 917 页。

④ 《上蔡学案》，见〔清〕黄宗羲、全祖望：《宋元学案》，陈金生、梁运华点校，北京：中华书局 1986 年版，第 916—917 页。

⑤ 《上蔡学案》，见〔清〕黄宗羲、全祖望：《宋元学案》，陈金生、梁运华点校，北京：中华书局 1986 年版，第 916—917 页。

⑥ 朱杰人、严佐之、刘永翔主编：《上蔡语录》卷，《朱子全书》外编第 3 册，[M]. 上海、合肥：上海古籍出版社、安徽教育出版社，2010 年版，第 47—48 页。

⑦ 《谢上蔡〈论语解〉集录》，见陈来主编：《早期道学话语的形成与演变》，合肥：安徽教育出版社 2007 年版，第 521—639 页。

"性",他以"自然"解释,这与其对"理"的解释可谓同出一辙,他说:"自然不可易底,便唤作道体。"① 又说:"所谓天理者,自然底道理,无毫发杜撰。"② 在上蔡看来,无论是"道体",还是"天理",都是自然而然,没有人为的造作和杜撰,这与程颢的主张是一致的。在谢良佐的哲学中,性、道体、天理是一体的,而"自然"则是共性。这就与二程所强调的"天理"自然相一致。其次,在仁学这个公共议题上,谢良佐发明程颢之旨,其"以觉训仁"之论实源自程颢,但却比程颢更为明确。谢良佐并不似尹焞持守师说,他是创新型的哲学家,从朱子的"胡侍郎(胡安国)尝叫人看谢氏《论语》,以其文字上多有发越处"③可见一斑。谢良佐说:"有知觉、识痛痒,便唤作仁"④,他直接"以觉训仁"。在他这里,虽然是以生理性、感受性的"痛痒"言觉,但本意并非仅止于此,而是更高层次的境界,即一种道德的觉悟。他说"知者,心有所觉也"⑤,即此意。谢良佐对程颢的思想有所推进,但由于他并未真切体悟其师的哲学内涵,故他的学说与其师存在分歧,招致以朱子为代表的哲学家的激烈批判,朱子说:

或问:"谢上蔡以觉言仁是如何?"曰:"觉者是要觉得个道理,须是分毫不差,方能全得此心之德,这便是仁,若但知得个痛痒,

---

① 《上蔡学案》,见〔清〕黄宗羲、全祖望:《宋元学案》,陈金生、梁运华点校,北京:中华书局1986年版,第935页。

② 朱杰人、严佐之、刘永翔主编:《上蔡语录》卷上,《朱子全书》外编第3册,[M]. 上海、合肥:上海古籍出版社、安徽教育出版社,2010年版,第4页。

③ 朱杰人、严佐之、刘永翔主编:《朱子语类》卷十九,《朱子全书》第14册,[M]. 上海、合肥:上海古籍出版社、安徽教育出版社,2010年版,第661页。

④ 〔清〕黄宗羲、全祖望:《宋元学案》,陈金生、梁运华点校,北京:中华书局1986年版,第935页。

⑤ 朱杰人、严佐之、刘永翔主编:《论语精义》卷四上,《朱子全书》第7册,[M]. 上海、合肥:上海古籍出版社、安徽教育出版社,2010年版,第273页。

则凡人皆觉得，岂尽是仁者耶，医者以顽痹为不仁，以其不觉故谓之不仁，不觉固是不仁，然便谓觉是仁则不可。"①

朱子认为谢良佐的"觉"与知觉痛痒一样属生理层面，且"觉"与"仁"只能单向解释，而不能互训。朱子的批评并非妄言，他认为："上蔡之病患在以觉为仁，但以觉为仁，只将针来刺股上才觉得痛亦可谓之仁矣，此大不然矣。"② 同时，谢良佐也非常强调"知仁"思想："仁虽难言，知其所以为仁者，亦可以知仁矣"，③ 谢良佐认为"知仁"即是知其所以为仁，这是对知仁含义的确定，当然这只能算是途径之一，但如何做到，谢良佐亦指明为学路径，即"知'仁之方'"，这也是孔子所一贯主张的。"至诚恻怛"即诚实无妄，恻隐恳切，也就是保持内心的坦诚恳切。其实，在其哲学当中，对此工夫有更明确的表示，即"敬"，他创造性地提出"敬是常惺惺"，使心时刻保持兢省之状态。内心的涵养，还不足以保证知仁的实现，而仍需"力行""自省"等切实工夫，当然谢良佐工夫的下手处仍然限于事亲从兄的人伦之事。谢良佐的思想主要集中在对"仁"的探究上，其思想从二程出发，以"接着讲"的态度对"仁"的思想进行演绎和深化，程颢以人的感受性譬喻仁，谢良佐直接以"觉"训仁，到张九成那直接将"觉"等同于仁。谢良佐的"仁"说对湖湘学派的学术宗旨影响深刻，且其提出的"性体心用"与湖湘学派建构"性本论"有思想上的逻辑关联。需要指出的是，谢良佐

---

① 〔南宋〕朱熹：《朱子语类》卷一百零一，见朱杰人，严佐之，刘永翔主编：《朱子全书（第17册）》，上海、合肥：上海古籍出版社、安徽教育出版社2010年版，第3365—3366页。

② 〔南宋〕朱熹：《朱子语类》卷二十，见朱杰人，严佐之，刘永翔主编：《朱子全书（第14册）》，上海、合肥：上海古籍出版社、安徽教育出版社2010年版，第691页。

③ 〔南宋〕朱熹：《论语精义》卷一上，见朱杰人，严佐之，刘永翔主编：《朱子全书（第7册）》，上海、合肥：上海古籍出版社、安徽教育出版社2010年版，第33页。

亦对格物穷理兴趣浓厚，但他的穷理已经没有外拓物理的一面，专要去"寻个是处"。故就谢良佐的学问指向来说，他明显接近程颢之学。

### 附一：《二程集》所见答问

（1）"孟子曰：'养心莫善于寡欲。'此一句如何？"谢子曰："吾昔亦曾问伊川先生，曰：'此一句浅近，不如"理义之悦我心，犹刍豢之悦我口"，最亲切有滋味。然须是体察得理义之悦我心，真个犹刍豢始得。'"明道先生曰："'操则存，舍则亡，出入无时'，非圣人之言也，心安得有出入乎。"（《河南程氏外书》卷十二，第425页。）

（2）谢子与伊川别一年，往见之。伊川曰："相别又一年，做得甚工夫？"谢曰："也只去个矜字。"曰："何故？"曰："子细检点得来，病痛尽在这里。若按伏得这个罪过，方有向进处。"伊川点头，因语在坐同志者曰："此人为学，切问近思者也。"（《河南程氏外书》卷十二，第426页。）

（3）谢子曰："吾尝习忘以养生。"明道曰："施之养生则可，于道则有害。习忘可以养生者，以其不留情也。学道则异于是。必有事焉而勿正，何谓乎？且出入起居，宁无事者？正心待之，则先事而迎。忘则涉乎去念，助则近于留情。故圣人心如鉴，孟子所以异于释氏，此也。"（《河南程氏外书》卷十二，第426页。）

（4）二十年前往见伊川——本作伯淳，伊川曰："近日事如何？"某对曰："天下何思何虑？"伊川曰："是则是有此理，贤却发得太早在。"伊川直是会锻炼得人，说了又恰道，恰好着工夫也。（《河南程氏外书》卷十二，第426页。）

（5）明道初见谢，语人曰："此秀才展托得开，将来可望。"

每进语相契，伯淳必曰："更须勉力。"（《河南程氏外书》卷十二，第426页。）

（6）谢子见河南夫子，辞而归，尹子送焉，问曰："何以教我？"谢子曰："吾徒朝夕从先生，见行则学，闻言则识。譬如有人服乌头者，方其服也，颜色悦泽，筋力强盛，一旦乌头力去，将如之何？"尹子反以告夫子，夫子曰："可谓益友矣。"(《河南程氏外书》卷十二，第 427 页。)

（7）明道见谢子记问甚博，曰："贤却记得许多。"谢子不觉身汗面赤。先生曰："只此便是恻隐之心恻然有隐于心。"(《河南程氏外书》卷十二，第 427 页。)

（8）明道先生谓谢子虽少鲁，直是诚笃理会事，有不透，其颡有泚，其愤悱如此。(《河南程氏外书》卷十二，第 430 页。)

（9）谢显道习举业，已知名，往扶沟见明道先生受学，志甚笃。明道一日谓之曰："尔辈在此相从，只是学某言语，故其学心口不相应。盍若行之？"请问焉。曰："且静坐。"伊川每见人静坐，便叹其善学。(《河南程氏外书》卷十二，第 432 页。)

（10）谢显道久住太学，告行于伊川云："将还蔡州取解，且欲改经《礼记》。"伊川问其故。对曰："太学多士所萃，未易得之，不若乡中可必取也。"伊川曰："不意子不受命如此！子贡不受命而货殖，盖如是也。"显道复还，次年获国学解。(《河南程氏外书》卷十二，第 433—434 页。)

（11）子曰：谢良佐因论求举于方州，与就试于大学，得失无以异，遂不复计较，明且勇矣。(《程氏粹言》卷一，第 1221 页。)

（12）谢良佐既见明道，退而门人问曰：良佐如何？子曰：其才能广而充之，吾道有望矣。(《程氏粹言》卷二，第 1233 页。)

（13）谢显道崇宁间上殿不称旨，先生闻之喜；已而就监门之职。陈贵一问："谢显道如何人？"先生曰："由、求之徒或云建中间。"

尹子曰："先生谓侯师圣议论，只好隔壁听。"(《河南程氏外书》

卷十一，第 416—417 页。）

（14）问："伊川说'人之生也直，是天命之谓性。'谢显道云：'顺理之谓直。窃谓顺理是率性之事，天命之性无待于顺理也。'二说异同？"曰："伊川说上一截，显道说下一截。"（《河南程氏外书》卷十二，第 442 页。）

（15）伊川归自涪陵，谢显道自蔡州来洛中，再亲炙焉。久之，伊川谓先生及张思叔绎曰："可去同见谢良佐问之，此回见吾，有何所得。"尹、张如所戒，谢曰："此来方会得先生说话也。"张以告伊川，伊川然之。（《河南程氏外书》卷十二，第 434 页。）

（16）族子至愚，无足责；故人素厚，不敢疑。孟子既知天，安用尤藏氏？（《二程文集》遗文，第 672 页。）

### 附二：《朱子语类》所见评论[①]

上蔡高迈卓绝，言论、宏肆，善开发人。

上蔡语虽不能无过，然都是确实做工夫来。

问："人之病痛不一，各随所偏处去。上蔡才高，所以病痛尽在'矜'字？"曰："此说是。"

谢氏谓去得"矜"字。后来矜依旧在，说道理爱扬扬地。

或问："谢上蔡以觉言仁，是如何？"曰："觉者，是要觉得个道理。须是分毫不差，方能全得此心之德，这便是仁。若但知得个痛痒，则凡人皆觉得，岂尽是仁者耶？医者以顽痹为不仁，以其不觉，故谓之'不仁'。不觉固是不仁，然便谓觉是仁，则不可。"

问："上蔡说仁，本起于程先生引医家之说而误。"曰："伊川有一

---

[①] 〔南宋〕朱熹：《程子门人》，载《朱子语类》卷一百零一，见朱杰人、严佐之、刘永翔主编：《朱子全书（第 17 册）》，上海、合肥：上海古籍出版社、安徽教育出版社 2010 年版，第 2562—2567 页。

段说不认义理，最好。只以觉为仁，若不认义理，只守得一个空心，觉何事！"

上蔡以知觉言仁。只知觉得那应事接物底，如何便唤做仁！须是知觉那理，方是。且如一件事是合做与不合做，觉得这个，方是仁。唤着便应，抶着便痛，这是心之流注在血气上底。觉得那理之是非，这方是流注在理上底。唤着不应，抶着不痛，这个是死人，固是不仁。唤得应，抶着痛，只这便是仁，则谁个不会如此？须是分作三截看：那不关痛痒底，是不仁；只觉得痛痒，不觉得理底，虽会于那一等，也不便是仁；须是觉这理，方是。

问："谢氏以觉训仁，谓仁为活物，要于日用中觉得活物，便见仁体。而先生不取其说，何也？"曰："若是识得仁体，则所谓觉，所谓活物，皆可通也。但他说得自有病痛，毕竟如何是觉？又如何是活物？又却别将此个意思去觉那个活物，方寸纷扰，何以为仁？如说'克己复礼'，己在何处？克又如何？岂可以活物觉之而已也！"

问："上蔡以觉训仁，莫与佛氏说异？若张子韶之说，则与上蔡不同。"曰："子韶本无定论，只是迅笔便说，不必辨其是非。"某云："佛氏说觉，却只是说识痛痒。"曰："上蔡亦然。"又问："上蔡说觉，乃是觉其理。"曰："佛氏亦云觉理"，此一段说未尽，客至起。

上蔡云："释氏所谓性，犹吾儒所谓心；释氏所谓心，犹吾儒所谓意。"此说好。

问："上蔡说佛氏目视耳听一段，比其它说佛处，此最当。"曰："固是。但不知渠说本体是何？性若不指理，却错了。"

因论上蔡语录中数处，如云"见此消息，不下工夫"之类，乃是谓佛儒本同，而所以不同，但是下截耳。龟山亦如此。某谓："明道云：'以吾观于佛，疑于无异，然而不同。'"曰："上蔡有观复堂记云，庄列之徒云云，言如此则是圣人与庄列同，只是言有多寡耳。观它说复，又却与伊川异，似以静处为复。湖州刻伊川易传，后有谢跋云，非全书。伊川尝约门人相聚共改，未及而没。使当初若经他改，岂不错了！龟山又有一书，亦改删伊川易。遗书中谢记有一段，下注云：'郑毅亲见。'毅尝云：'曾见上蔡每说话，必覆巾掀髯攘臂。'"方录云："郑毅言：'上蔡平日说话到掀举处，必反袖以见精采。'"某曰："若他与朱子发说论语，大抵是如此。"曰："以此语学者，不知使之从何入头！"

上蔡观复斋记中说道理，皆是禅学底意思。

问上蔡"学佛欲免轮回"一段。曰："答辞似不甚切。"

上蔡语录论佛处，乃江民表语。民表为谏官，甚有可观，只是学佛。当初是人写江语与谢语共一册，遂误传作谢语。唯室先生陈齐之有辨，辨此甚明。

国秀问："上蔡说横渠以礼教人，其门人下梢头低，只'溺于刑名度数之间，行得来困，无所见处'，如何？"曰："观上蔡说得又自偏了。这都看不得礼之大体，所以都易得偏。如上蔡说横渠之非，以为'欲得正容谨节'。这自是好，如何废这个得？如专去理会刑名度数，固不得；又全废了这个，也不得。如上蔡说，便非曾子'笾豆则有司存'，本末并见之意。后世如有作者，必不专泥于刑名度数，亦只整顿其大体。如孟子在战国时已自见得许多琐碎不可行，故说丧服、经界诸处，只是理会大体，此便是后来要行古礼之法。"

问："上蔡云：'阴阳交而有神，形气离而有鬼。知此者为智，事此者为仁。'上两句只是说伸而为神，归而为鬼底意思？"曰："是如此。"问："'事此者为仁'，只是说能事鬼神者，必极其诚敬以感格之，所以为仁否？"曰："然。"问："谢又云：'可者使人格之，不使人致死之'，可者，是可以祭祀底否？"曰："然。"问："礼谓致生为不知，此谓致生为知？"曰："那只是说明器。如三日斋，七日戒，直是将做个生底去祭他，方得。"问："谢又云'致死之故，其鬼不神。'"曰："你心不向他，便无了。"问："且如淫祠，自有灵应，如何便会无？"曰："昔一僧要破地狱，人教他念破地狱咒，偏无讨这咒处。一僧与云'遍观法界性'四句便是。"或云："只是'一切惟心造。'"曰："然。"又问："斋戒只是要团聚自家精神。然'自家精神，即祖考精神。'不知天地山川鬼神，亦只以其来处一般否？"曰："是如此。天子祭天地，诸侯祭封内山川，是他是主。如古人祭墓，亦只以墓人为尸。"

鬼神，上蔡说得好。只觉得"阴阳交而有神"之说，与后"神"字有些不同。只是他大纲说得极好，如曰："可者使人格之，不使人致死之。"可者，是合当祭，如祖宗父母，只须着尽诚感格之，不要人便做死人看待他。"不可者使人远之，不使人致生之。"不可者，是不当祭，如闲神野鬼，圣人便要人远之，不要人做生人看待他。可者格之，须要得他来；不可者远之，我不管他，便都无了。"精气为物，游魂为变。"天地阴阳之气交合，便成人物；到得魂气归于天，体魄降于地，是为鬼，便是变了。说魂，则魄可见。

叔器问："上蔡说鬼神云：'道有便有，道无便无。'初看此二句，与'有其诚则有其神，无其诚则无其神'一般；而先生前夜言上蔡之语未稳，如何？"曰："'有其诚则有其神，无其诚则无其神'，便是合有底，我若诚则有之，不诚则无之。'道有便有，道无便无'，便是合有底当有，合无底当无。上蔡而今都说得粗了，合当道：合有底，从而有之，则有；合无底，自是无了，便从而无之。今却只说'道有便有，道无便无'，则不可。"

上蔡言："鬼神，我要有便有，以天地祖考之类。要无便无。"以"非其鬼而祭之"者，你气一正而行，则彼气皆散矣。

上蔡曾有手简云："大事未办。"李先生谓："不必如此，死而后已，何时是办！"

上蔡曰："人不可无根"，便是难。所谓根者，只管看，便是根，不是外面别讨个根来。

上蔡说"先有知识，以敬涵养"，似先立一物了。

上蔡云："诚是实理。"不是专说是理。后人便只于理上说，不于心上说，未是。

上蔡言"无穷者，要当会之以神"，是说得过当。只是于训诂处寻绎践履去，自然"下学上达。"

上蔡云："'见于作用者，心也'，谓知而动者便是。"先生云："本体是性，动者情，兼体动静者心<sub>性静，情动也</sub>。"

"养心不如悦心。"先生云："'不如'字，恐有之；'浅近'字，恐伊川未必尔。此录已传两手，可疑。'悦心'说，更举出处看。理义是本有，自能悦心，在人如行慊于心。"

"心之穷物有尽，而天者无尽。"先生云："得其本，则用之无穷，不须先欲穷知其无穷也。"

"放开只守。"追记语中，说得颇别。似谓放开是自然豁开乃得之效；未得，则只是守此。录中语不安。

"敬则与事为一。"先生云："此与明道伊川说别。今胡文定一派要'身亲格'者，是宗此意。"

说"何思何虑"处，伊川本不许，上蔡却自担当取也。读语录及易传可见。这同上。

上蔡家始初极有好玩，后来为克己学，尽舍之。后来有一好砚，亦把与人。

曾恬天隐尝问上蔡云云，上蔡曰："用得底便是。"以其说絮，故答以是。又尝问恭、敬字同异。曰："异。""如何异？"曰："恭"平声，"敬"仄声。上蔡英发，故胡文定喜之，想见与游杨说话时闷也。

如今人说道，爱从高妙处说，便说入禅去，自谢显道以来已然。向时有一陈司业，名可中，专一好如此说。如说如何是伊尹乐尧舜之道，他便去下面下一语云:"'江上一犁春雨',如此等类煞有,亦煞有人从它。只是不靠实,自是说他一般话。"

# 谢 湜

谢湜,字持正,生卒年不详,四川成都人,大约生活在仁宗、神宗时期,与刘绚同时师事程颐。程颐曾写有《与金堂谢湜书》。元丰八年(1085年)中进士,著《易义》一十二卷、《春秋义》二十四卷、《总义》三卷,多数不存。南宋李明复《春秋集义》中收录有谢湜《春秋义》一千二百余条语录。谢湜墓在今成都市青白江区城厢镇西门外城厢学校(城厢中学原初中部)校园内。宋代墓碑至清乾隆年间尚存,后被毁。嘉庆中,县令谢帷杰复立,后又被毁。1986年青白江区文物保护管理所又立,2005年修城厢学校时再次被毁。

**附:《二程集》所见答问**

(1) 谢湜自蜀之京师,过洛而见程子。子曰:"尔将何之?"曰:"将试教官。"子弗答。湜曰:"何如?"子曰:"吾尝买婢,欲试之,其母怒而弗许,曰:'吾女非可试者也。'今尔求为人师而试之,必为此媪笑也。"湜遂不行。一本云:湜不能用。又云:谢湜求见者三不许,因陈经正以请,先生曰:"闻其来问易,遂为说以献贵人。"(《河南程氏遗书》卷二十一上,第268—269页。)

(2)《与金堂谢君书》

颐启:前月末,吴斋郎送到书信,即递中奉报,计半月方达。冬寒,远想雅履安和,侨居旋为客次,日以延望,乃知止行甚怏也。来春江水稳善，候有所授，能一访甚佳。只云忠、涪间看亲人，必不疑也。

颐偕小子甚安，来春本欲作《春秋》文字，以此无书，故未能，却先了《论》《孟》或《礼记》也。《春秋》大义数十，皎如日星，不容遗忘，只恐微细义例，老年精神，有所漏落，且请推官用意寻究。后日见助，如往年所说，许止蔡般书葬类是也。若欲治《易》，先寻《易》绎令熟，只看王弼、胡先生、王介甫三家文字，令通贯，余人《易》说无取，枉费功。年亦长矣，宜汲汲也，宋相见间，千百慎爱。十一月初九日，颐启。(《二程文集》卷九，第613页。)

## 谢 收

谢收，生卒年不详，其先河朔人，后寓居颖昌之阳翟，为谢季康长子，中进士甲科，曾任河南府推官。

### 附：《二程集》所见答问

谢收问学于伊川，答曰："学之大无如仁。汝谓仁是如何？"谢久之无入处，一日再问曰："爱人是仁否？"伊川曰："爱人乃仁之端，非仁也。"谢收去，先生曰："某谓仁者公而已。"伊川曰："何谓也？"先生曰："能好人，能恶人。"伊川曰："善涵养。"(《河南程氏外书》卷十二，第433页。)

## 谢天申

谢天申，字用休，浙江瑞安人，有贤名，多次获推荐，官至知合门,负责官员朝参、宴饮、礼仪等事宜。

**附:《二程集》所见答问**

(1) 谢用休问"入太庙,每事问。"曰:"虽知亦问,敬谨之至。"又问:"旅祭之名如何?"曰:"古之祭名皆有义,如旅亦不可得而知。"(《河南程氏遗书》卷二十二上,第286页。)

(2) 用休问北郊之礼。曰:"北郊不可废。元祐时朝廷议行,只为五月闲天子不可服大裘,皆以为难行。不知郊天郊地,礼制自不同。天是资始,故凡用物皆尚纯,藉用藁秸,器用陶匏,服用大裘,是也。地则资生,安可亦用大裘?当时诸公知大裘不可服,不知别用一服。向日宣仁山陵,吕汲公作大使,某与坐说话次,吕相责云:'先生不可如此。圣人当时不曾如此,今先生教朝廷怎生则是?'答曰:'相公见圣人不如此处怎生?圣人固不可跂及,然学圣人者,不可轻易看了圣人。只如今朝廷,一北郊礼不能行得,又无一人道西京有程某,复问一句也。'吕公及其婿王某等便问:'北郊之礼当如何?'答曰:'朝廷不曾来问,今日岂当对诸公说邪?'是时苏子瞻便据'昊天有成命'之诗,谓郊祀同。文潞公便谓譬如祭父母,作一处何害?曰:'此诗冬至夏至皆歌,岂不可邪?郊天地又与共祭父母不同也。此是报本之祭,须各以类祭,岂得同时邪?'"(《河南程氏遗书》卷二十二上,第287页。)

(3) 又问六天之说。曰:"此起于谶书,郑玄之徒从而广之,甚可笑也。帝者,气之主也。东则谓之青帝,南则谓之赤帝,西则谓之白帝,西则谓之黑帝,中则谓之黄帝。岂有上帝而别有五帝之理?此因周礼言祀昊天上帝,而后又言祀五帝亦如之,故诸儒附此说。"又问:"周礼之说果如何?"曰:"周礼中说祭祀,更不可证。六天之说,正与今人说六子是干、坤退居不用之时同也。不知干、坤外,甚底是六子?譬如人之四肢,只是一体耳。学者大惑也。"(《河南程氏遗书》卷二十二上,第287页。)

(4) 又问："郊天冬至当卜邪？"曰："冬至祭天，夏至祭地，此何待卜邪？"又曰："天与上帝之说如何？"曰："以形体言之谓之天，以主宰言之谓之帝，以功用言之谓之鬼神，以妙用言之谓之神，以性情言之谓之乾。"(《河南程氏遗书》卷二十二上，第288页。)

(5) 又问："易言'知鬼神之情状'，果有情状否？"曰："有之。"又问："既有情状，必有鬼神矣。"曰："易说鬼神，便是造化也。"又问："如名山大川能兴云致雨，何也？"曰："气之蒸成耳。"又问："既有祭，则莫须有神否？"曰："只气便是神也。今人不知此理，才有水旱，便去庙中祈祷。不知雨露是甚物，从何处出，复于庙中求耶？名山大川能兴云致雨，却都不说着，却只于山川外木土人身上讨雨露，木土人身上有雨露耶？"又问："莫是人自兴妖？"曰："只妖亦无，皆人心兴之也。世人只因祈祷而有雨，遂指为灵验耳。岂知适然？某尝至泗州，恰值大圣见。及问人曰：'如何形状？'一人曰如此，一人曰如彼，只此可验其妄。兴妖之人皆若此也。昔有朱定，亦尝来问学，但非通道笃者，曾在泗州守官，值城中火，定遂使兵士异僧伽避火。某后语定曰：'何不异僧伽在火中？若为火所焚，即是无灵验，遂可解天下之惑。若火遂灭，因使天下人尊敬可也。此时不做事，待何时邪？'惜乎定识不至此。"(《河南程氏遗书》卷二十二上，第288页。)

(6) 用休问"老者安之，少者怀之，朋友信之。"曰："此数句最好。先观子路、颜渊之言，后观圣人之言，分明圣人是天地气象。"(《河南程氏遗书》卷二十二上，第288页。)

(7) 用休问："井田今可行否？"曰："岂有古可行而今不可行者？或谓今人多地少，不然。譬诸草木，山上着得许多，便生许多。天地生物常相称，岂有人多地少之理？"(《河南程氏遗书》卷二十二上，第291页。)

（8）用休问："陈文子之清，令尹子文之忠，使圣人为之，则是仁否？"曰："不然。圣人为之，亦只是清忠。"（《河南程氏遗书》卷二十二上，第293页。）

（9）用休问"哀公问社于宰我之事。"曰："社字本是主字，文误也。宰我不合道'使民战慄'，故仲尼有后来言语。"（《河南程氏遗书》卷二十二下，第298页。）

（10）用休问："夫子贤于尧、舜，如何？"子曰："此是说功。尧、舜治天下，孔子又推尧、舜之道而垂教万世。门人推尊，不得不然。"（《河南程氏遗书》卷二十二上，第279页。）

（11）用休问："'温故而知新'，如何'可以为师'？"曰："不然。只此一事可师。如此等处，学者极要理会得。若只指认温故知新便可为人师，则窄狭却气象也。凡看文字，非只是要理会语言，要识得圣贤气象。如孔子曰：'盍各言尔志。'而由曰：'愿车马，衣轻裘，与朋友共，敝之而无憾。'颜子曰：'愿无伐善，无施劳。'"（《河南程氏遗书》卷二十二上，第283—284页。）

## 邢　恕

邢恕，生卒年大概在1045—1115之间。字和叔，郑州阳武（今河南原阳）人。七十而亡。在《宋史》中，其被列入《奸臣传》。神宗熙宁年间（1068—1077年），邢恕进士甲科及第，历官永安主簿、崇文院校书、知延陵县、职方员外郎、起居舍人、吏部尚书兼侍读、御史中丞、知随州、知汝州、知应天府、知南安军、龙图阁学士、显谟阁待制等。邢恕是程颐早期弟子，在程颐十八岁左右游太学时拜程颐为师，在程颢三十三岁过磁州省亲时拜程颢为师。其在学与政上都有涉猎。他自幼博览群书，精通典籍，古今成败故事尽在胸中，每每高谈阔论，口若悬河，颇具游说家的气度。与当时的重臣王安石、吕公著、蔡确、蔡京等交游，但也正是因为游离于各家学派中，故仕途忽升忽降。同时，为个人名利，他网织罪名，残害同道，参与太子废立，故被视为"外持正论，内藏奸猾"的势利小人。对于二程，他专作《门人朋友叙述》以论之，认为"尧、舜、三代帝王之治，其所以包涵博大，悠远纤悉，上下与天地同流，其化之如时雨者，先生固已默而识之；至于兴造礼乐，制度文为，下至行师用兵，战阵之法，无所不讲，皆造其极；外之夷狄情状，山川道路之险易，边鄙防戍城寨斥堠控带之要，靡不究知；其吏事操决文法簿书，又皆精密详练。若先生，可谓通儒全才矣"[1]。这是对程颢之学的评价，认为程颢乃"通儒全才"。对于程颐，因其"初，御史中丞邢恕与先生（程颐）素善，同知枢密院事林希，意恕必救先生，因以倾恕。恕与友人曰：便斩颐万段，恕亦不救。"闻者笑之"[2]。可见，在程颐被贬之时，邢恕并未积极营救，为后世诟病。《宋史》称其："本从程门，得游诸公间，一时贤士争与之交，恕善为表襮，蚤致声名，而天资反复，行险冒进，为司马光客，即陷光，附章惇，即背惇，至与三蔡为腹心，则之死弗替，上谤母后，下诬忠良，几于祸及宗庙。建炎元年与蔡确同追贬，而恕为常德军节度副使，上谤母后，下诬忠良，几于祸及宗庙"[3]，以此可见邢恕之德行，确有不齿之处。

**附：《二程集》所见答问**

（1）邢和叔言："吾曹常须爱养精力，精力稍不足则倦，所以临事

---

[1] 〔北宋〕程颢、程颐：《河南程氏遗书》附录，见〔北宋〕程颢、程颐：《二程集》，王孝鱼点校，北京：中华书局1981年版，第333页。

[2] 〔南宋〕杨仲良：《皇宋通鉴长编纪事本末》，李之亮校点，哈尔滨：黑龙江人民出版社2006年版，第1768页。

[3] 〔元〕脱脱等：《宋史》，刘浦江标点，长春：吉林人民出版社1995年版，第9440页。

皆勉强而无诚意。"接宾客语言尚可见，况临大事乎？(《河南程氏遗书》卷一，第11页。)

(2) 邢和叔后来亦染禅学，其为人明辩有才，后更晓练世事，其于学，亦日月至焉者也。(《河南程氏遗书》卷二上，第27页。)

(3) 邢恕日三点检，谓亦可哀也，何时不点检。(《河南程氏遗书》卷三，第62页。)

(4) 河间邢氏恕曰："先生德性绝人，外和内刚，眉目清峻，语声铿然。恕早从先生之弟学，初见先生于磁州。其气貌，清明夷粹；其接人，和以有容；其断义，刚而不犯；其思索集有微字，妙造精义；其言近，而测之益远。恕盖始恍然自失，而知天下有成德君子，所谓完人者，若先生是已。"(《河南程氏遗书》附录，第332页。)

(5) 邢七云："一日三点检。"伯醇曰："可哀也哉！其余时多会甚事？盖仿三省之说错了，可见不曾用功。"又多逐人面上说一般话，伯醇责之。邢曰："无可说。"伯醇曰："无可说，便不得不说。"(《河南程氏外书》卷十二，第427页。)

(6) 神宗问明道以张载邢恕之学，奏云："张载臣所畏，邢恕从臣游。"(《河南程氏外书》卷十二，第443页。)

# 许景衡

许景衡（1072—1128），字少伊，人称横塘先生，浙江瑞安人。元丰九先生之一。元祐八年（1093年）中进士，历任殿中御史、太常少卿、中书舍人，后因与以崇尚旧学的执政耿南仲交恶，被罢职。后高宗即位，除给事中、中丞，许景衡为人刚正不阿，体现正统儒家的本色。他的一生一直在与奸臣贼子作斗争，他反对王黼专权举荐童贯这样的贪官去担任河东河北宣抚使,并不畏权势,不顾个人得失,多次上书弹劾童贯"贪谬不可用者数十事",列举童贯贪污受贿的种种劣迹,受到奸臣的排挤。后又因坚定地支持主战派,支持李纲为相,反对和议,随着李纲被罢相,许景衡亦被罢官。高宗即位,许景衡除御史中丞,后又升为尚书右丞。汪伯彦、黄潜善等议和派为相,许景衡与其政见不和,被贬为提举杭州洞霄观,1128年在赴任途中去世。许景衡一生为官清廉,刚直不阿,因此受到后人敬仰,宋高宗赐谥号"忠简"。著作有《横塘集》《横山阁》《池上》等,今人集为《许景衡集》。许景衡除在政治上的名垂青史外,其在学术上亦有不俗成绩。清朝孙诒让评价道:"元丰九先生推忠简独后卒,名德亦最显。厥后永嘉学者,后先辈出,多于忠简为后进,或奉手受业其门。靖康、建炎之际,永嘉之学几坠而复振,于忠简诚有赖哉。"① 这是对许景衡传承永嘉之学的肯定。就理学的核心问题而言,许景衡的思想少有创见,但对洛学思想却保持基本的认同和恪守。在心性论上,许景衡对心性论的基本问题论述不多,而在强调做工夫处则着墨甚多。他强调在"心"上作工夫,他在叙述其为学经历时说:"学自回亡而蔑有好者,道因轲死而遂无传焉。永惟尽性以知天,率自正心而诚意。有志于此,倏已十年。"②在此,他认为"学"自颜回以后便没有真正好"学"的人,而"道"自孟子以后便不再复传,他常年浸淫"尽性知天,正心诚意"之中,足见其为学趋向实指洛学。他亦多次重申为学主张:"臣窃观三代之王,所以治天下国家者必本于正心诚意,其次莫如多闻。……盖至诚以格物,据古以鉴今,使盛德日新,聪明日广,则事至能应,物来敢名,以图天下之治,而成中兴之业,举

---

① 〔清〕孙诒让:《横塘集跋》,见〔北宋〕许景衡:《许景衡集》,陈光熙点校,上海:上海社会科学院出版社2006年版,第571页。

② 〔北宋〕许景衡:《谢张帅启》,见〔北宋〕许景衡:《许景衡集》,陈光熙点校,上海:上海社会科学院出版社2006年版,第469页。

在于此矣。"① 三代之治之根本在于"正心诚意",此乃外王事业建立之根本。且提出"至诚以格物",以为心诚较之格物具有先在性,心诚然后格物,如此不仅可以涵养道德,同时也可以增进知识。当然,许景衡虽然强调内外兼修,但最终的目的仍然是成就中兴大业。虽然此处许景衡之工夫论有其师的印迹,但已呈现对洛学浮夸之学风予以纠偏之倾向。在心性工夫上,他十分强调对"心"的涵养,他说:"我欲收心求克己,公知诚意在闲邪。汝南夫子规模大,归去相从海一涯。"② 又道:"岂知生出极幽深,清浅涓涓一泓耳。吾闻古来养心者,扩而充之亦如此,自惭学问太迂疏,十载不离蛙井底。潢污断港何足道?所得未能充口耳。"③ 许景衡的诗强调"收心克己"的重要性,他认为自古以来"养心"者都要如此并加以扩充。他对"诚"亦极为重视,在回答郑国材的提问中,他说:"示问《中庸》大指,非公好学不耻下问,谁肯千里移书见及耶?曲能有诚,谓之致力于所偏,曲其义有所未安。诚如来喻,盖择善而固执之者,学者之事也。择者当如何?学问思辨是也,此所谓致曲也。曲能有诚,诚于致曲而已。"④ 这是其对《中庸》"诚"的强调,徐复观先生指出"诚是在工夫上建立起来的观念"⑤,也就是说,"诚"是在工夫意义上讲的,为后世学者重视。许景衡认为郑国材解释"致曲"为"致力于所偏"是不对的,他认为"学问思辨"即是"致曲",由此亦可至"诚",也就是说,普通人气质各有所偏,若能因其善

---

① 〔北宋〕许景衡:《乞涓日讲读札子》,见〔北宋〕许景衡:《许景衡集》,陈光熙点校,上海:上海社会科学院出版社2006年版,第425—426页。
② 〔北宋〕许景衡:《送商霖兼简共叔》,见〔北宋〕许景衡:《许景衡集》,陈光熙点校,上海:上海社会科学院出版社2006年版,第356页。
③ 〔北宋〕许景衡:《渡淮》,见〔北宋〕许景衡:《许景衡集》,陈光熙点校,上海:上海社会科学院出版社2006年版,第306页。
④ 〔北宋〕许景衡:《答郑国材(二)》,见〔北宋〕许景衡:《许景衡集》,陈光熙点校,上海:上海社会科学院出版社2006年版,第503页。
⑤ 徐复观:《中国人性论史》,上海:华东师范大学出版社2005年版,第91页。

端发见处推扩之，就是所谓的"致曲"，即可至"诚"，这其实与程颐所强调的"下学而上达"相似。

许景衡对"格物致知"亦格外重视，他说："天子作人，其止是乎。其学维何？致知格物，反身而诚，物我为一。匪曰我私，推之斯行，亲亲长长，而天下平。"① 他认为学问的入手之方就是"致知格物，反身而诚"，以此来达到洛学所追求的与万物为一的境界。他甚至对于他人奉行"格物致知"予以称赞，在给其他官员写的贺表中，他屡屡提及："恭以某官致知格物，以道事君"②，"某官厚德镇浮，至诚格物。出将使指，属部已被于澄清；入副简求，上圣方资于献纳"③。可见，许景衡只是无处不在强调"格物致知"的重要性，但对具体如何做则缺乏阐释，这其实是前期永嘉学派共有的特质。

# 晏敦复

晏敦复（1071—1141，一说 1075—1145），字景初，江西临川人，与王安石同乡。北宋名相晏殊曾孙，词人晏几道的侄孙。世称"抚州八晏"，《宋史》有传。年少即拜师程颐。宋徽宗大观三年（1109 年）中进士后，任御史台检法官、权吏部侍郎、给事中、吏部侍郎等职。宋室南渡之后，经大臣推荐，任试馆职，力辞不就。绍兴二年，任祠部员外郎，迁吏部，后因开罪宰相吕颐浩，贬为贵溪县知县，临江军通判。绍

---

① 〔北宋〕许景衡：《温州瑞安迁县学碑》，见〔北宋〕许景衡：《许景衡集》，陈光熙点校，上海：上海社会科学院出版社 2006 年版，第 516 页。
② 〔北宋〕许景衡：《贺邓枢密启》，见〔北宋〕许景衡：《许景衡集》，陈光熙点校，上海：上海社会科学院出版社 2006 年版，第 440 页。
③ 〔北宋〕许景衡：《张提举王提茶贺冬启》，见〔北宋〕许景衡：《许景衡集》，陈光熙点校，上海：上海社会科学院出版社 2006 年版，第 452 页。

兴四年（1134年），任吏部员外郎等职，绍兴五年（1135年），任吏部侍郎。绍兴八年（1138年），宋金议和，金使欲命南宋君臣跪接诏书，晏敦复上疏反对，遭到秦桧猜忌，许以高官厚禄拉拢，敦复对曰："吾终不为身计误国家，况吾姜桂之性，到老愈辣，请勿言"，决计与秦桧势不两立。后秦桧任职宰相，敦复叹曰："奸人相矣。"遭到秦桧打压，于绍兴九年（1139年）以宝文阁直学士贬知衢州，提举亳州明道宫。闲居数年后去世，终年七十一岁。敦复为人正直，不计利害，敢于直言，立朝论事无所避讳，皇帝尝赞其说："卿鲠峭敢言，可谓无忝尔祖矣。"① 敦复著作所留不多，有《宋诗纪事》存诗一首，《历代名臣奏议》存奏议两篇。陆游《老学庵笔记》曾载：

  晏敦复作一士大夫墓志，以示朱敦儒（字希真）。朱曰："甚妙。但似欠四字，然不敢以告。"晏苦问之，朱指"有文集十卷"字下曰："此处欠。"又问："欠何字？"曰："当增'不行于世'四字。"晏遂增"藏于家"三字，实用希真意也。②

# 杨　迪

  杨迪（1082—1104），字遵道，杨时长子，程颐弟子。福建南剑州人。自幼聪慧好学，游太学期间，拜程颐为师，受到程颐的高赞和认可。崇宁二年（1103年）登进士第，任奉议郎。崇宁三年（1104年），陪同杨时赴荆南上任。同年八月，回乡省亲途中病逝。朱熹之父朱松撰

---

① 〔元〕脱脱等：《宋史》，刘浦江标点，长春：吉林人民出版社1995年版，第8208页。
② 〔南宋〕陆游：《老学庵笔记》，王欣点校，青岛：青岛出版社2002年版，第18页。

有《杨遵道墓志铭》，朱熹则撰写有《跋杨遵道遗文》。杨迪录有《河南程氏遗书》第十九卷。其著作大多佚失。朱子在《跋杨遵道遗文》中有详细描述："先君子尝识杨公遵道之墓，记其论说梗概，皆极精诣，且言其平生为文数百篇，存者什一二耳。熹每伏读家集至此，未尝不掩卷太息，恨其遗文之散逸，而其幸存者亦不得而见之也。近乃得此编于将乐邓绚，而绚得之公孙璹者。急披疾读，惊喜幸甚，然其文不过五六篇，而墓识所书论庄周语不复见，则视作识时，所失亡又已多矣。遂读至《上伊川先生论易第二书》则喟然曰：'是所谓发微诣极，冰解的破者耶！'至于陈、李异同之辨，则恨未有以见，其取舍之决，惜乎不得其全书而考之也。"①《宋元学案补遗》记叙其语录一条如下："人之不可无学，犹饥渴之于饮食，苟不知其方，则常患乎异端之溺人。孰不知此？而卒蹈之者，习俗昏之也。"②

### 附：《二程集》所见答问

（1）《答杨迪书》

相别累月，思渴。前承惠书，恐已出京，故不复奉答。近又收书，乃知未行。喜闻夏暑安佳。前书所问心迹之说，固知未能无疑也。若以心迹有判，则象忧亦忧，乃伪矣。是宜精索，未易晓也。又云："有道，又有易，何如？"此语全未是。更将传序详思，当自通矣。变易而后合道，易字与道字不相合也。大率所论，辞与意太多。孔孟之门人，岂能尽与孔孟同？唯其不敢信己而信其师之说，是以能思而卒同也。若纷然致疑，终亦必亡而已。勉之！勉之！盛暑在途，千百自爱。(《二程文集》卷九，第616页。)

（2）杨迪言于子曰：心迹，固夫子以为无可判之理，迪也疑焉。子

---

① 曾枣庄主编：《宋代序跋全编（第7册）》，济南：齐鲁书社2015年版，第4336页。
② 〔清〕冯云濠、王梓材：《宋元学案补遗》，杨世文、舒大刚等点校，北京：人民出版社2012年版，第1052页。

曰：然则舜同象之忧喜，孟子不以为伪，即是宜精思以得之，而何易言也？（《程氏粹言》卷二，第1258页。）

（3）子语杨迪曰：近所讲问，设端多矣，而不失大概。夫二三子岂皆智不足以知之？由不能自立于众说，漂煦之间耳，信不笃故也。仲尼之门人，其所见非尽能与圣人同也，惟不敢执己而惟师之信，故求而后得夫信，而加思，乃致知之方也。若纷然用疑，终亦必亡而已矣。（《程氏粹言》卷二，第1230页。）

（4）前书所问心迹之说，固知未能无疑也。若以心、迹有判，则象忧亦忧乃伪矣。是宜精索，未易晓也。（《二程文集》卷九，第616页。）

## 杨国宝

杨国宝，生卒年不详，字应之，河南郑州人，杨仲元长子，吕公著外甥，先为邵雍弟子。嘉祐年间，拜师程颐，他为人劲挺不屈，坚苦力学，学问渊博，由一介布衣而位列于朝，历任监池州酒务、洛阳县尉、宣德郎、太常博士、陕西路转运官、校书郎等职。杨国宝气节卓著，不求人，亦不倚仗别人权势，笃信好学，至死不渝，受到其师程颐的高度赞赏，程颐说："杨应之在交游中英气伟度，过绝于人，未见其比，可望以托吾道者矣"①。程颐认为杨国宝为人英气豪迈，超绝于人，是可以将道托付之人。程颐曾亲自为其撰写祭文。司马光弟子刘安世曾上疏道："考功员外郎欧阳棐造请权门，不惮寒暑，与程颐、毕仲游、孙朴、杨国宝辈交结执政弟子，参预密论，号为死党，搢绅之所共嫉，清论之所不齿"，又说："棐与程颐、毕仲游、孙朴、杨国宝交结执政吕公著、

---

① 《王张诸儒学案》，见〔清〕黄宗羲、全祖望：《宋元学案》，陈金生、梁运华点校，北京：中华书局1986年版，第1162页。

范纯仁子弟,荐绅之间,号为五鬼。"①

### 附:《二程集》所见答问

呜呼!昔予与君,邂逅相遇于大江之南,言契气合,遂从予游,岁将三纪,情均骨肉。忽闻来讣,何痛如之!呜呼应之!谁谓君而止于此乎?高才伟度,绝出群类,善志奇蕴,曾未得施,天胡为厚其禀而啬其年?人谁不死,君之死为可恨也,奚止交旧之情,悲哀而已,管城之原,归祔先兆,属予衰年,惮于长道,不能临穴一恸,以伸余情,姑致菲薄之奠。魂兮其来,歆此诚意。(《祭杨应之文》,《二程文集》卷十一,第644页。)

# 杨 时

杨时(1053—1135),字中立,因久居龟山之下,学者称为龟山先生,祖籍陕西华阴,出生在福建南剑州。与谢良佐、游酢和吕大临并称为"程门四大弟子"。与罗从彦、李侗并称为"南剑三先生"。杨时年少即有名气,工于诗文,有神童之称。熙宁五年(1072年),二十岁的杨时赴京城参加礼部考试,不中,补选为太学生。熙宁九年(1076年),杨时登进士第,授汀州司户参军,与游酢一起赴颖昌拜程颢为师,学成南归之时,程颢目送其曰:"吾道南矣。"以此可见其学术成就及程颢对其的期许。程颢去世之时,杨时专设灵堂祭祀,尊师之意可见一斑。元祐八年(1093年),除潭州,赴任路上,绕道洛阳,再度与游酢一起拜程颐为师,恰逢程颐静坐,二人门外等候,待程颐召见,积雪已厚,这

---

① 〔清〕李慈铭:《越缦堂读书记》,由云龙辑,北京:中华书局1963年版,第328页。

就是所谓的"程门立雪"。崇宁五年（1106年），杨时奉敕差充对读官、浙江余杭县知县。政和二年（1112年），任萧山县令。宣和六年（1124年），任秘书郎，迩英殿说书，八月授国子监祭酒，赐祭器、谱牒、金盆花。靖康元年（1126年），相继任著作郎兼侍经筵、谏议大夫兼侍讲、国子监祭酒等职，时值金兵围城，杨时反对和议，上书力陈童贯之恶，终使童贯被除。建炎二年（1128年），杨时任工部侍郎，力辞不受，后改为龙图阁直学士、提举杭州洞霄宫，赐对衣金带、紫金鱼袋。建炎四年（1130年），杨时请求告老还乡，任朝请大夫，兼龙图阁直学士。绍兴五年（1135年），因病去世，享年八十三岁，葬于将乐县水南镇乌石山麓。宋高宗赐其为"左大中大夫""太师""大中大夫"等封号，谥"文靖"，并亲自为"龟山书院"题名，后康熙皇帝赐予匾额："程氏正宗"。杨时和谢良佐一样，先师程颢后从学程颐，最为程颢所深喜。他是程门中为数不多跨越两宋的弟子之一，且在南宋初期被推为程氏正宗。杨时并非徒有虚名，他之所以能奠定"程氏正宗"的地位，客观上与他年长有关，但更为关键的是他为复振洛学，对王学从义理和政治两方面展开批判，使得洛学在南宋初期复杂多变的学术格局中，得以薪火相传，脱颖而出。朱子曾说："道丧千载，两程勃兴。有的其绪，龟山是承。龟山之南，道则与俱"，① 《宋史》也指出："时在东郡，所交皆天下士，先达陈瓘、邹浩皆以师礼事时。暨渡江，东南学者推时为程氏正宗。与胡安国往来讲论尤多。时浮沉州县四十有七年，晚居谏省，仅九十日，凡所论列皆切于世道，而其大者，则辟王氏经学，排靖康和议，使邪说不作。凡绍兴初崇尚元祐学术，而朱熹、张栻之学得程

---

① 〔清〕李清馥：《闽中理学渊源考》，徐公喜、管正平、周明华点校，南京：凤凰出版社2011年版，第80页。

氏之正，其源委脉络皆出于时"①，胡安国亦说："公天资夷旷，济以问学，充养有道，德器早成。积于中者纯粹而闳深，见于外者简易而平淡，闲居和乐，色笑可亲。临事裁处，不动声气。与之游者，虽群居终日，嗒然不语。饮人以和，而鄙薄之态自不形也。推本孟子性善之说，发明《中庸》《大学》之道，有欲知方者，为指其攸趣，无所隐也。当时公卿大夫之贤者，莫不尊信之"②，程敏政赞道："无龟山则无朱子"③，全祖望说："气象和平，议论醇正。说经旨极切，论人物极严。可以垂训万世，使不流于异端，岂不诚醇儒哉。"④ 这些历代学者的评价足以道出杨时的卓绝地位。就杨时的哲学思想来说，杨时亦把"理"作为最高的哲学范畴。他说："天下只是一理"⑤，与程颐提出"理则天下只是一个理，故推至四海而准"⑥ 是一样的，皆认同"理一"的观点。对于"性"的善恶，杨时亦着墨甚多，可谓是其论"性"中最多的内容。他高度评价孟子的性善论，他说："自孟子没，圣学失传，荀卿而下皆未得其门而入者也。七篇之书具在，始终考之，不过道性善而已，知此则天下之理得，而诸子之失其传，皆可见也，"⑦ 由此可看出，杨时

---

① 〔元〕脱脱等撰：《宋史》，刘浦江标点，长春：吉林人民出版社1995年版，第8846页。

② 〔南宋〕朱熹：《伊洛渊源录》卷十，见朱杰人，严佐之，刘永翔主编：《朱子全书（第12册）》，上海、合肥：上海古籍出版社、安徽教育出版社2010年版，第1108页。

③ 程敏政：《龟山先生从祀议》，载《篁墩集》卷十，见《文渊阁四库全书（第1252册）》，台北：台湾商务印书馆1986年版，第175页。

④ 《龟山学案》，见〔清〕黄宗羲、全祖望：《宋元学案》，陈金生、梁运华点校，北京：中华书局1986年版，第951页。

⑤ 〔北宋〕杨时：《龟山语录》，载〔北宋〕杨时：《龟山集》卷十三，见《文渊阁四库全书（第1125册）》，台北：台湾商务印书馆1986年版，第241页

⑥ 〔北宋〕程颢、程颐：《河南程氏遗书》卷二上，见〔北宋〕程颢、程颐：《二程集》，王孝鱼点校，北京：中华书局1981年版，第38页。

⑦ 〔北宋〕杨时：《答胡康侯其二》，载〔北宋〕杨时：《龟山集》卷二十，见《文渊阁四库全书（第1125册）》，台北：台湾商务印书馆1986年版，第301页。

深赞孟子的性善论,甚至认为这是《孟子》一书的全部精义所在,并以荀子、扬雄和韩愈的错误观点来反衬孟子性善论的高深。他说:"言性善可谓探其本,言善恶混乃是于善恶已萌处看。"① 杨时肯定孟子的性善论,并认为本然之性是纯然之善的,而性善恶混是从善恶"已发"处看的,也就是"情"分善恶。杨时此论,后来被朱子认为是开启湖湘学派"性"论的理论渊源。杨时把"体认未发之中"作为其传授指诀,并被弟子传承,遂成为道南学派的学术宗旨。朱子曾说:"李先生教人,大抵令于静中体认大本未发时,气象分明,即处事应物自然中节。此乃龟山门下相传指诀。"② 朱子的概括可谓精确。杨时对"中"尤为重视,他认为"道"即"中",圣人代代所传的即是"中"。程颐及其弟子则创造性地将"中"与"心"相关联,加以诠释。使《中庸》的哲学范畴在理学视域下发生新的转换。杨时将"道心"与"中"联系起来,认为"道心"即"中","道心"隐蔽难显,人心因私欲蒙蔽,容易陷入危险境地,唯有通过"精"与"一"的工夫才能使"道心"显现,达到"中"的境界。再次,杨时认为人应该先明白"仁"之为道,即"仁"的道理,并认为这是整部《论语》的关键所在。在他看来,一部《西铭》,主旨即在于"求仁",至于为何如此关键,他认为知仁则可知心,然后进乎知性。在他看来,仁、心、性三者在最初是同一的,也正因为同一,故可以"通"。杨时对"知仁"的强调,将求仁知仁转化为内在的心理活动,贯彻了他偏于内向工夫,通过直觉体验来达到对"仁"的体悟。总之,杨时的思想旨趣偏向于程颢内在体悟的路径。

---

① 〔北宋〕杨时:《龟山语录》,载《龟山集》卷十三,见《文渊阁四库全书(第1125册)》,台北:台湾商务印书馆1986年版,第246页。

② 〔清〕李清馥:《闽中理学渊源考》,徐公喜、管正平、周明华点校,南京:凤凰出版社2011年版,第55页。

## 附:《二程集》所见答问

**(1)《答杨时论西铭书》**

前所寄史论十篇,其意甚正,才一观,便为人借去,俟更子细看。《西铭》之论,则未然。横渠立言,诚有过者,乃在《正蒙》。《西铭》之为书,推理以存义,扩前圣所未发,与孟子性善养气之论同功,二者亦前圣所未发。岂墨氏之比哉?《西铭》明理一而分殊,墨氏则二本而无分。老幼及人,理一也。爱无差等,本二也。分殊之蔽,私胜而失仁;无分之罪,兼爱而无义。分立而推理一,以止私胜之流,仁之方也。无别而迷兼爱,至于无父之极,义之贼也。子比而同之,过矣。且谓言体而不及用。彼欲使人推而行之,本为用也,反谓不及,不亦异乎?(《河南二程文集》卷九,第609页。)

**(2)《答杨时书》**

颐启。相别多年,常深渴想。前日自伊川归,得十一月十五日南康发来书,知赴新任,体况安佳,甚慰远怀。颐如常,自去冬来,多在伊川。见谋居伊,力薄未能遽成耳。

朝廷设教官,盖欲教人修身齐家治国平天下之道。苟能修职,则"不素餐兮",孰大于是?赴省试令子,不知其名,中第可喻及也。名迪者好学质美,当成远器,应未有北来期。两小子,大者项城尉,小者鄢陵尉。承问,故及之。此独与诸孙处,岁计稔则自余,无足道。春暄,惟进学自爱,不宣。颐启杨君教授。三月六日。(《二程文集》卷九,第615—616页。)

**(3)《答杨时慰书》**

颐泣启。颐罪恶不弟,感招祸变,不自死灭,兄长丧亡,哀苦怨痛,肝心摧裂。日月迅速,忽将三月,追思痛切,不可堪处。远承慰问,及寄示祭文哀辞,足见岁寒之意。

家兄道学行义，足以泽世垂后，不幸至此，天乎奈何！颐悲苦之余，仅存气息，筋骸支离，尤倦执笔。况哀诚非书所能尽？所幸老而经此烦恼，饮食起居如常，不烦深虑。伏纸摧咽，言不伦次。颐泣。启杨君法曹。九月十二日。(《二程文集》卷九，第603—604页。)

(4) 游酢、杨时是学得灵利高才也。杨时于新学极精，今日一有所问，能尽知其短而持之。介父之学，大抵支离。伯淳尝与杨时读了数篇，其后尽能推类以通之。(《河南程氏遗书》卷二上，第28页。)

(5) 游酢、杨时先知学禅，已知向里没安泊处，故来此，却恐不变也。(《河南程氏遗书》卷二上，第38页。)

(6) 游、杨初见伊川，伊川瞑目而坐，二子侍立。既觉，顾谓曰："贤辈尚在此乎？日既晚，且休矣。"及出门，门外之雪深一尺。(《河南程氏外书》卷十二，第429页。)

(7) 子曰："游酢、杨时始也为佛氏之学，既而知不足安也，则来，有所请。庶乎！其能变。"(《程氏粹言》卷二，第1233页。)

(8) 杨中立问"四象"，子言"四方"。(《河南程氏外书》卷十一，第411页。)

(9) 先生曰："杨中立答伊川论西铭书云云，尾说渠判然无疑。"伊川曰："杨时也未判然。"(《河南程氏外书》卷十二，第437页。)

(10) 观太学诸生数千人，今日之学，要之亦无有自信者。如游酢、杨时等二三人游其间，诸人遂为之警动，敬而远之。(《河南程氏外书》卷十，第406页。)

**附二：《朱子语类》所见评论**[①]

龟山天资高，朴实简易；然所见一定，更不须穷究。某尝谓这般

---

[①] 〔南宋〕朱熹：《程子门人》，载《朱子语类》卷一百零一，见朱杰人、严佐之、刘永翔主编：《朱子全书（第17册）》，上海、合肥：上海古籍出版社、安徽教育出版社2010年版，第2567—2574页。

人，皆是天资出人，非假学力。如龟山极是简易，衣服也只据见定。终日坐在门限上，人犯之亦不较。其简率皆如此。干尝闻先生云："坐在门外石坐子上。"今云门限，记之误也。方录云："龟山有时坐门限上。"李先生云："某即断不敢。"

龟山解文字著述，无纲要。

龟山文字议论，如手捉一物正紧，忽坠地，此由其气弱。

"龟山诗文说道理之类，才说得有意思，便无收杀。"扬曰："是道理不透否？"曰："虽然，亦是气质弱，然公平无病。五峰说得却紧，然却有病。程先生少年文字便好，如养鱼记颜子论之类。"

龟山言："天命之谓性，人欲非性也。"天命之善，本是无人欲，不必如此立说。《知言》云："天理人欲，同体而异用，同行而异情。"自是它全错看了！

龟山与范济美言："学者须当以求仁为要，求仁，则刚、毅、木、讷近仁一言为要。"先生曰："今之学者，亦不消专以求仁为念；相将只去看说仁处，他处尽遗了。须要将一部论语，粗粗细细，一齐理会去，自然有贯通处，却会得仁，方好。又，今人说曾子只是以鲁得之，盖曾子是资质省力易学。设使如今人之鲁，也不济事。范济美博学高才，俊甚，故龟山只引'刚、毅、木、讷'告之，非定理也。"

问："龟山言：'道非礼，则荡而无止；礼非道，则梏于器数仪章之末。'则道乃是一虚无恍惚无所准则之物，何故如此说'道'字？"曰："不可晓。此类甚多。"因问："如此说，则似禅矣。"曰："固是。其徒如萧子庄、李西山、陈默堂皆说禅。龟山没，西山尝有佛经疏追荐之。唯罗先生却是着实子细去理会。某旧见李先生时，说得无限道理，也曾去学禅。"李先生云："汝怎地悬空理会得许多，而面前事却又理会不得！道亦无玄妙，只在日用间着实做工夫处理会，便自见得。"后来方晓得他说，故今日不至无理会耳。

龟山弹蔡京，亦是，只不迅速。择之曰："龟山晚出一节，亦不是。"曰："也不干晚出事。若出来做得事，也无妨。他性慢，看道理也如此。平常处看得好，紧要处却放缓了！做事都涣散无伦理。将乐人性急，粗率。龟山却恁宽平，此是间然其粗率处，依旧有土风在。"

或问："龟山晚年出处不可晓，其召也以蔡京，然在朝亦无大建明。"曰："以今观之，则可以追咎当时无大建明。若自家处之，不知当时所以当建明者何事？"或云："不过择将相为急。"曰："也只好说择将相固是急，然不知当时有甚人可做。当时将只说种师道，相只说李伯纪，然固皆尝用之矣。又况自家言之，彼亦未便见听。据当时事势亦无可为者，不知有大圣贤之才如何尔。"

问："龟山晚年出得是否？"曰："出如何不是？只看出得如何。当初若能有所建明而出，则胜于不出。"曰："渠用蔡攸荐蔡老令攸荐之，亦未是。"曰："亦不妨。当时事急，且要速得一好人出来救之，只是出得来不济事耳。观渠为谏官，将去犹惓惓于一对，已而不得对。及观其所言，第一，正心、诚意，意欲上推诚待宰执；第二，理会东南纲运。当时宰执皆庸缪之流，待亦不可，不行亦不可。不告以穷理，而告以正心、诚意。贼在城外，道途正梗，纵有东南纲运，安能达？所谓'虽有粟，安得而食诸！'当危急之时，人所属望，而着数乃如此！所以使世上一等人笑儒者以为不足用，正坐此耳。"

草堂先生及识元城、龟山。龟山之出，时已七十岁，却是从蔡攸荐出。他那时觉得这边扶持不得，事势也极，故要附此边人，所以荐龟山。初缘蔡攸与蔡子应说，令其荐举人才，答云："太师用人甚广，又要讨甚么人？"曰："缘都是势利之徒，恐缓急不可用。有山林之人，可见告。"他说："某只知乡人鼓山下张觷，字柔直，其人甚好。"蔡攸曰："家间子侄未有人教，可屈他来否？"此人即以告张，张即从之。及教其子弟，俨然正师弟子之分，异于前人。得一日，忽开谕其子弟以奔走之事，其子弟骇愕，即告之曰："若有贼来，先及汝等，汝等能走乎？"子弟益惊骇，谓先生失心，以告老蔡。老蔡因悟曰："不然，他说得是。"

盖京父子此时要唤许多好人出，已知事变必至，即请张公叩之。张言："天下事势至此，已不可救，只得且收举几个贤人出，以为缓急倚仗耳。"即令张公荐人，张公于是荐许多人，龟山在一人之数。今龟山墓志云："会有告大臣以天下将变，宜急举贤以存国，于是公出。"正谓此。张后为某州县丞。到任，即知虏人入寇，必有自海道至者，于是买木为造船之备。踰时果然。虏自海入寇，科州县造舟，仓卒扰扰，油灰木材莫不踊贵。独张公素备，不劳而办。以此见知于帅宪，知南剑。会叶铁入寇，民大恐。他即告谕安存之，率城中诸富家，令出钱米，沽酒，买肉，为蒸糊之类。遂分民兵作三替，逐替燕犒酒食，授以兵器。先一替出城与贼接战，即犒第二替出；先替未倦，而后替即得助之。民大喜，遂射杀贼首。富民中有识叶铁者，即厚劳之，勿令执兵；只令执长枪，上悬白旗，令见叶铁，即以白旗指向之。众上了弩，即其所指而发，遂中之。后都统任某欲争功，亦让与之。其余诸盗，却得都统之力，放贼之叔父以成反间。儒用录别出。

问龟山出处之详。曰："蔡京晚岁渐觉事势狼狈，亦有隐忧。其从子应之文蔚录云：'君谟之孙，与他叙谱。'自兴化来，因访问近日有甚人才。应之愕然曰：'今天下人才，尽在太师陶铸中，某何人，敢当此问！'京曰：'不然。觉得目前尽是面谀脱取官职去底人，恐山林间有人才，欲得知。'应之曰：'太师之问及此，则某不敢不对。福州有张觷，字柔直者，抱负不苟。'觷平日与应之相好，时适赴吏部，应之因举其人以告。遂宾致之为塾客，然亦未暇与之相接。柔直以师道自尊，待诸生严厉，异于他客，诸生已不能堪。一日，呼之来前，曰：'汝曹曾学走乎？'诸生曰：'某寻常闻先生长者之教，但令缓行。'柔直曰：'天下被汝翁作坏了。早晚贼发火起，首先到汝家。若学得走，缓急可以逃死。'诸子大惊，走告其父，曰：'先生忽心恙'云云。京闻之，矍然曰：'此非汝所知也！'即入书院，与柔直倾倒，因访策焉。柔直曰：'今日救时，已是迟了。只有收拾人才是第一义。'京因叩其所知,遂以龟山为对。龟山自是始有召命。今龟山墓志中有'是时天下多故,或说当世贵人,以为事至此,必败。宜引耆德老成置诸左右,开道上意'云者,盖为是也。柔直后守南剑,设方略以拒范汝为,全活一城,甚得百姓心。其去行在所也,买冠梳杂碎之物,不可胜数,从者莫测其所以。后过南剑,老稚迎拜者相属于道。柔直一一拊劳之,且以所置物分遗。至今庙食郡中。"陈德本云:"柔直与李丞相极厚善。"其卒也,丞相以诗哭之云:'中原未恢复,天乃丧斯人!'儒用按:乡先生罗秘丞日录:"柔直尝知鼎州。秘丞罢舒州士曹,避地于乡之石牛寨,与之素昧平生。时方道梗,柔直在湖南,乃宛转寄诗存问云:'曾闻避世门金马,何事投身寨石牛!千里重湖方鼎沸,可能同上岳阳楼?'"则其汲汲人物之意,亦可见矣。是诗《夷坚志》亦载,但以为袁司谏作,非也。又按玉溪文集云"柔直尝知赣州,招降盗贼"云。

蔡京在政府,问人材于其族子蔡子应,端明之孙。以张柔直对。张时在部注拟,京令子应招之,授以问馆。张至,以师礼自尊,京之子弟怪之。一日,张教京家子弟习走。其子弟云:"从来先生教某们慢行。今令习走,何也?"张云:"乃公作相久,败坏天下。相次盗起,先杀汝家人,惟善走者可脱,何得不习!"家人以为心风,白京。京愀然曰:"此人非病风。"召与语,问所以扶救今日之道及人材可用者。张公遂言龟山杨公诸人姓名,自是京父子始知有杨先生。

问:"龟山当时何意出来?"曰:"龟山做人也苟且,是时未免禄仕,故胡乱就之。苟可以少行其道,龟山之志也。然来得已不是;及至,又无可为者,只是说得那没紧要底事。当此之时,苟有大力量,咄嗟间真能转移天下之事,来得也不枉。既不能然,又只是随众鹘突。及钦宗即位,为谏议大夫,因争配享事,为孙仲益所攻。孙言,杨某曩常与蔡京诸子游,今众议攻京,而杨某曰,慎毋攻居安云云。龟山遂罢。"又曰:"蔡京当国时,其所收拾招引,非止一种,诸般名色皆有。及渊圣即位,在朝诸人尽攻蔡京,且未暇顾国家利害。朝廷若索性贬蔡京过岭,也得一事了。今日去几官,分司西京;明日去几官,又移某州;后日又移某州,至潭州而京病死。自此一年间,只理会得个蔡京。这后面光景迫促了,虏人之来,已不可遏矣!京有四子:攸绦儵儵。儵尚主。绦曾以书谏其父,徽宗怒,令京行遣,一家弄得不成模样,更不堪说。攸儵后被斩。是时王黼童贯梁师成辈皆斩,此数人尝欲废立,钦宗平日不平之故也。及高宗初立时,犹未知辨别元祐熙丰之党,故用汪黄,不成人才。汪黄又小人中之最下、最无能者。及赵丞相居位,方稍能辨别;亦缘孟后居中,力与高宗说得透了;高宗又喜看苏黄辈文字,故一旦觉悟而自恶之,而君子小人之党始明。"

龟山裂裳裹足,自是事之变,在家亦无可为。虽用'治蛊'之说,然文定云:"若从其言,亦救得一半。"先生云:"若用其言,则议论正;议论正,则小人不得用。然龟山亦言天下事。当时排正论者,耿南仲冯澥二人之力为多,二人竟败国!"南仲上言:"或者以王氏学不可用。陛下观祖宗时道德之学,人才兵力财用,能如熙丰时乎?陛下安可轻信一人之言以变之?"批答云:"顷以言者如何如何,今闻师傅之臣言之如此,若不尔,几误也!前日指挥,更不施行。"

问:"龟山晚岁一出,为士子诟骂,果有之否?"曰:"他当时一出,追夺荆公王爵,罢配享夫子且欲毁劈三经板。士子不乐,遂相与聚问三经有何不可,辄欲毁之?当时龟山亦谨避之。"问:"或者疑龟山此出为无补于事,徒尔纷纷。或以为大贤出处不可以此议,如何?"曰:"龟山此行固是有病,但只后人又何曾梦到他地位在!惟胡文定以柳下惠'援而止之而止'比之,极好。"

龟山之出,人多议之。惟胡文定之言曰:"当时若能听用,决须救得一半。"此语最公。盖龟山当此时虽负重名,亦无杀活手段。若谓其怀蔡氏汲引之恩,力庇其子,至有"谨勿击居安"之语,则诬矣。幸而此言出于孙觌,人自不信。儒用。

坐客问龟山立朝事。曰:"胡文定论得好:'朝廷若委吴元忠辈推行其说，决须救得一半，不至如后来狼狈。'然当时国势已如此，虏初退后，便须急急理会，如救焚拯溺。诸公今日论蔡京，明日论王黼，当时奸党各已行遣了，只管理会不休，担阁了日子。如吴元忠李伯纪向来亦是蔡京引用，免不得略遮庇，只管吃人议论。龟山亦被孙觌辈窨扰。"

问："龟山云：'消息盈虚，天且不能暴为之，去小人亦不可骤'，如何？"曰："只看时如何，不可执。天亦有迅雷风烈之时。"

伯夷微似老子。胡文定作龟山墓志，主张龟山似柳下惠，看来是如此。

孙觌见龟山撰曾内翰行状，曰："杨中立却会做文字。"先生曰："龟山曾理会文字来。"

李先生尝云："人见龟山似不管事，然甚晓事也。"

李先生言："龟山对刘器之言，为贫。文定代云竿木云云，不若龟山之逊避也。"汪书延李，初至，见便问之。未竟，李疾作。

龟山张皇佛氏之势说横渠不能屈之为城下之盟，亦如李邺张皇金虏也。龟山尝称李奉使还云："金人上马如龙，步行如虎，度水如獭，登城如猿。"时人目为"四如给事。"

问："横浦语录载张子韶戒杀，不食蟹。高抑崇相对，故食之。"龟山云："子韶不杀，抑崇故杀，不可。"抑崇退，龟山问子韶："周公何如人？"对曰："仁人。"曰："周公驱猛兽，兼夷狄，灭国者五十，何尝不杀？亦去不仁以行其仁耳。"先生曰："此特见其非不杀耳，犹有未尽。须知上古圣人制为罔罟佃渔，食禽兽之肉。但'君子远庖厨'，不暴殄天物。须如此说，方切事情。"

龟山铭志不载高丽事。他引欧公作梅圣俞墓志不载希文诗事，辨得甚好。"孰能识车中之状，意欲施之事？"见《韩诗外传》。

龟山墓志，首尾却是一篇文字。后来不曾用。

# 尹 焞

尹焞（1071—1142），字彦明，河南洛阳人。为程颐晚年弟子，程颐曾说："晚得二士"①，此二士即为张绎、尹焞。当代学者钱穆把其列入"四大弟子"之内②，这也从另一个侧面反映出尹焞在程门之地位。程门弟子纷纷杂染佛学，惟尹焞独立儒林而不倒，他在程门之得名不在于其思想创新，而在于其恪守师门最醇，他自述道："闻先生之言，言下领意，焞不如绎；能终守先生之学，绎亦不如焞。先生欣然曰：'各中其病。'"③尹焞作为程颐晚年得意弟子，以"持守如固，涵养纯粹"扬名于程门，但其思想并非毫无特色，较之二程的突破处在于其提出"动静一理"，在涵养工夫论上继承程门的"诚、敬"并加以推阐。尹焞作为洛学弟子，一方面他接续洛学话语，将其进一步深化和阐释，使得洛学话语得以保存和延续；另一方面他的思想构成朱子建构哲学体系的背景和底色。全祖望的评论更为准确："和靖尹肃公于洛学最为晚出，而守其师说最醇，五峰以为程氏后起之龙象，东发以为不失其师传者，良非过矣。"④全祖望认为尹焞在程门中虽晚出，但持守最醇；胡宏认为尹焞乃程门后起之秀；黄震认为他恪守师说。这些评论并非虚说，可谓确实。尹焞亦收徒授学，但其学派不振，主要表现为：

---

① 〔北宋〕程颢、程颐：《河南程氏遗书》卷二上，见〔北宋〕程颢、程颐：《二程集》，王孝鱼点校，北京：中华书局1981年版，第25页。
② 钱穆：《宋明理学概述》，北京：九州出版社2010年版，第80页。
③ 〔北宋〕程颢、程颐：《河南程氏外书》卷十一，见〔北宋〕程颢、程颐：《二程集》，王孝鱼点校，北京：中华书局1981年版，第412页。
④ 《华阳学案》，见〔清〕黄宗羲、全祖望：《宋元学案》，陈金生、梁运华点校，北京：中华书局1986年版，第856页。

其一，资质鲁钝，不善言说。

其师程颐说："尹焞鲁，张绎俊，俊恐他日过之，鲁者终有守也。"①朱子说："和靖在程门直是十分钝底"②，"和靖才短，说不出，只紧守伊川之说"③，"就诸先生立言观之，和靖持守得不失。然才短，推阐不去，遇面生者，说得颇艰。"④ 可以看出，程颐认为尹焞鲁钝，但能持守。朱子说得更为详细，尹焞资质鲁钝，不善言说，且推阐不开，遇生人还不能言说。程颐和朱子的分析是确然无疑的，尹焞确然如此，他的不善言说致使其在传道授业上的乏善可陈。

其二，专事涵养，不读书。

尹焞见长于涵养，前已论及，下再略作探讨，据载："德寿问先生，卿如何养得如此粹厚，先生曰：臣但一生不敢作过"⑤，"龟山只是要闲散，然却读书，尹和靖便不读书。"⑥ 尹焞专事涵养，自述其一生只是不敢作过，且不读书。正是由于以上两个原因导致其学派不振。但后学的不振，并不影响尹焞在思想史上的地位。

### 附一：《二程集》所见答问

（1）和靖尝以《易传序》请问曰："'至微者理也，至著者象也，

---

① 〔北宋〕程颢、程颐：《河南程氏遗书》卷二十一上，见〔北宋〕程颢、程颐：《二程集》，王孝鱼点校，北京：中华书局1981年版，第267页。

② 〔南宋〕朱熹：《朱子语类》卷一百零一，见朱杰人、严佐之、刘永翔主编：《朱子全书（第17册）》，上海、合肥：上海古籍出版社、安徽教育出版社2010年版，第3381页。

③ 〔南宋〕朱熹：《朱子语类》卷一百零一，见朱杰人、严佐之、刘永翔主编：《朱子全书（第17册）》，上海、合肥：上海古籍出版社、安徽教育出版社2010年版，第3381页。

④ 〔南宋〕朱熹：《朱子语类》卷一百零一，见朱杰人、严佐之、刘永翔主编：《朱子全书（第17册）》，上海、合肥：上海古籍出版社、安徽教育出版社2010年版，第3381页。

⑤ 〔北宋〕尹焞：《师说》中，载〔北宋〕尹焞：《和靖集》卷七，见《文津阁四库全书（第379册）》，北京：商务印书馆2005年版，第575页。

⑥ 〔南宋〕朱熹：《朱子语类》卷一百一十三，见朱杰人、严佐之、刘永翔主编：《朱子全书（第18册）》，上海、合肥：上海古籍出版社、安徽教育出版社2010年版，第3592页。

体用一源，显微无间'，莫太泄露天机否？"伊川曰："如此分明说破，犹自人不解悟（祁宽录云：伊川曰：'汝看得如此甚善。'吕坚中录云：伊川曰：'亦不得已言之耳。'）。"（《河南程氏外书》卷十二，第430页。）

（2）和靖尝请曰："某今日解得心广体胖之义。"伊川正色曰："如何？"和靖曰："莫只是乐否？"伊川曰："乐亦没处着。"

和靖偶学虞书。伊川曰："贤那得许多工夫？"（《河南程氏外书》卷十二，第430页。）

（3）伊川与和靖论义命。和靖曰："命为中人以下说，若圣人只有个义。"伊川曰："何谓也？"和靖曰："行一不义、杀一不辜而得天下，皆不为也，奚以命为？"伊川大赏之。又论动静之际，闻寺僧撞钟。和靖曰："说着静，便多一个动字。说动亦然。"伊川颔之。和靖每曰："动静只是一理，阴阳死生亦然。"（《河南程氏外书》卷十二，第431—432页。）

（4）尹子曰："伊川先生尝言，《中庸》乃孔门传授心法。"（《河南程氏外书》卷十一，第411页。）

（5）尹子曰："冯理自号东皋居士，曰：'二十年闻先生教诲，今有一奇特事。'先生曰：'何如？'理曰：'夜间宴坐，室中有光。'先生曰：'颐亦有奇特事。'理请闻之，先生曰：'每食必饱。'"（《河南程氏外书》卷十一，第414页。）

（6）尹子曰："邵尧夫家以墓志属明道，许之，太中、伊川不欲，因步月于庭。明道曰：'颢已得尧夫墓志矣。尧夫之学，可谓安且成。'太中乃许。"（《河南程氏外书》卷十一，第414页。）

（7）尹子曰："先生年七十四，得风痹疾，服大承气汤则小愈。是年九月，服之辄利。医者语家人曰：'侍讲病不比常时。'时大观元年九月也。十六日入视，先生以白夹被被体，坐竹床，举手相揖。焞喜，以为疾去。先生曰：'疾去而气复者安候也，颐愈觉羸劣。'焞既还，十七日有叩门者，报先生倾殂。"（《河南程氏外书》卷十一，第417页。)

(8) 尹子曰："先生之葬，洛人畏人党，无敢送者，故祭文惟张绎、范域、孟厚及焞四人。乙夜，有素衣白马至者，视之，邵溥也，乃附名焉。盖溥亦有所畏而薄暮出城，是以后。"又按："语录云：'先生以易传授门人'，曰：'只说得七分，学者更须自体究。'"故祭文有七分之语云。（《河南程氏遗书》附录，第347—348页。)

(9) 先生（尹焞）曰："昔与范元长同见伊川，偶有干，先起下阶，伊川谓范曰：'君看尹彦明他时必有用于世。'"（《河南程氏外书》卷十二，第437页。)

(10) 先生曰："杨中立答《伊川论西铭书》云云，尾说渠判然无疑。伊川曰："杨时也未判然。"（《河南程氏外书》卷十二，第437页。)

(11) 先生曰：某才十七八岁，见苏季明教授。时某亦习举业，苏曰："子修举业得状元及第便是了也。"先生曰："不敢望此。"苏曰："子谓状元及第便是了否？唯复这学更有里？"先生疑之。日去见苏，乃指先生见伊川。后半年方得《大学》《西铭》看。（《河南程氏外书》卷十二，第437页。)

(12) 先生与思叔共学之久，一日，伊川问二子："寻常见处同否？为我言之。"先生曰："某不逮思叔。如凡有请问未达，必三四请益，尚有未得处，久之乃得。如思叔，则先生才说，便点头会意，往往造妙。只是某虽愚钝，自保守得。若思叔，则某未敢保他。"伊川笑曰："也是，也是。"自后每同请益退，伊川必谓诸郎曰："张秀才如此不待，尹秀才肯待。"（《河南程氏外书》卷十二，第437—438页。)

（13）与叔问伊川曰："某见孟子亦有疑处。舜为法于后世，我犹未免为乡人。忧之如何？如舜而已。"伊川曰："圣人忧则有之，疑则无。夫何故？人所当忧，不得不忧。如孔子，'是吾忧也'若疑则无之矣。"（《河南程氏外书》卷十二，第438页。）

（14）先生曰："近有人说伊川自比孔孟。"先生曰："某不识明道，每见伊川说学问，某岂敢比先兄，由是推之，决无此语也。"（《河南程氏外书》卷十二，第438页。）

（15）先生曰："悟则句句皆是这个道理，道理已明后，无不是此事也。如孔子谓"六十而耳顺"，闻无不通，然后可至不逾矩也。明道作洛河竹木务时，过一寺门，墙上有人题"要不闷，守本分。"时田明之随行，明道每过，必曰好语。一日明之问之，明道曰："只被人不守本分也。"后先生闻此语，复问伊川。伊川曰："只为人不能尽分。"先生谓宽曰："看伊川此语，岂不是悟则句句是？凡一言一句便推到极处，看尽分字是大小气象。"又谓宽曰："才说尽分，便不消说闷也。"（《河南程氏外书》卷十二，第438—439页。）

（16）先生曰："伊川易序既成，其中有曰：'体用一源，显微无间。'"先生告伊川曰："似太泄漏天机。"伊川曰："汝看得如此甚善。"伊川作诗序二篇，昔人传之不真。先生一日请问："曾作否？"伊川曰："有之，但不欲示人。"再三请，乃得之，曰："为子出此二篇。"今传之者是也。（《河南程氏外书》卷十二，第439页。）

（17）先生一日看大学有所得，欲举似伊川。伊川问之，先生曰："心广体胖只是自乐。"伊川曰："到这里，和乐字也着不得。"（《河南程氏外书》卷十二，第439页。）

（18）先生云：初见伊川先生，一日有江南人鲍某守官西京，见伊川问仁曰："仁者爱人便是仁乎？"伊川曰："爱人，仁之事耳。"先生时侍坐，归，因取论语中说仁事致思，久之忽有所得，遂见伊川请益曰：

"某以仁惟公可尽之。"伊川沈思久之,曰:"思而至此,学者所难及也。天心所以至仁者,惟公尔。人能至公,便是仁。"(《河南程氏外书》卷十二,第439页。)

(19)伊川使人抄范纯夫唐鉴。先生问曰:"此书如何?"伊川曰:"足以垂世。"唐鉴议论,多与伊川同。如中宗在房陵事之类。(《河南程氏外书》卷十二,第439页。)

(20)伊川自涪陵归,易传已成,未尝示人。门弟子请教,有及易书者,方命小奴取书箧以出,身自发之,以示门弟子,非所请不敢多阅。一日出易传序示门弟子,先生受之归,伏读数日后,见伊川。伊川问所见。先生曰:"某固欲有所问,然不敢发。"伊川曰:"何事也?"先生曰:"至微者理也,至著者象也。'体用一源,显微无间。'似太露天机也。"伊川叹美曰:"近日学者何尝及此?某亦不得已而言焉耳。"(《河南程氏外书》卷十二,第439—440页。)

(21)明道尝谓人曰:"天下事只是感与应耳。"先生初闻之,以问,伊川曰:"此事甚大,人当自识之。"先生曰:"绥之斯来,动之斯和,是亦感与应乎?"曰:"然。"(《河南程氏外书》卷十二,第440页。)

(22)先生又云:见王信伯云:昔时问"鼓万物而不与圣人同忧"之意于张思叔,思叔对曰:"尧舜其犹病诸!"后因侍伊川,伊川问:"鼓万物而不与圣人同忧,如何说?"则对以思叔之语。伊川曰:"不然。天地以无心,故不忧。圣人致有为之事,故忧。"(《河南程氏外书》卷十二,第440页。)

(23)游定夫问伊川:"戒慎乎其所不睹,恐惧乎其所不闻,及其至也,至于无声无臭乎?"伊川曰:"驯此可以至矣。"后先生与周恭叔以此语问伊川。伊川曰:"然其间亦岂无事?"恭叔请问,伊川曰:"如荀子云'学者始乎为士,终乎圣人',可以明之。"(《河南程氏外书》卷十二,第440页。)

（24）昔尝请益于伊川曰："某谓动静一理。"伊川曰："试谕之。"适闻寺钟声，某曰："譬如此寺钟，方其未撞时，声固在也。"伊川喜曰："且更涵养。"（《河南程氏外书》卷十二，第440页。）

（25）鲍若雨与同志数人见伊川，问："尧舜之道，孝弟而已矣。恐孝弟不足以尽尧舜之道。"伊川令与和靖商量，诸人见和靖，和靖对曰："此何所疑，孝以事亲，弟以事长，能尽孝弟之道者，惟尧舜能之。"诸人未喻。和靖曰："且如孝子视于无形，听于无声，孝弟之至，通于神明。且道此个道理如何？"鲍复见伊川，伊川曰："某亦不过如此说。"鲍又曰："尹秀才直是秘此道，不肯容易说。"伊川后问之，和靖曰："此道众所公共，某何敢秘其说，但恐一语有差，则有累学者。"伊川曰："某思虑不及。"（《河南程氏外书》卷十二，第441页。）

（26）张思叔与和靖侍伊川，伊川问曰："贤辈寻常商量事，有疑处否？"对曰："张某所说，某不疑；某所说，张某不疑。张某聪明，道头知尾。某必待再三问然后晓。然但恐张某守不定如某。"伊川喜。（《河南程氏外书》卷十二，第441页。）

（27）尹彦明与思叔同时师事伊川先生。思叔以高识，彦明以笃行，俱为先生所称。先生没，思叔亦病死。彦明穷居教学，未尝少自贬屈，常以先生教人，专以'敬以直内'为本，彦明独能力行之。（《河南程氏外书》卷十二，第444页。）

（28）彦明尝言：先生教人只是专令用敬以直内，若用此理，则百事不敢轻为，不敢妄作，不愧屋漏矣。习之既久，自然有所得也。因说往年先生归自涪陵，日日见之。一日因读易至"敬以直内"处，因问先生"不习无不利"时，则更无睹，当更无计较也耶？先生深以为然。且曰："不易见得如此，且更涵养，不要轻说。"（《河南程氏外书》卷十二，第444页。）

(29)（尹焞）先生尝问伊川《春秋解》，伊川每曰："已令刘绚去编集，俟其来。"一日，刘集成，呈于伊川，先生复请之。伊川曰："当须自做也。"自涪陵归，方下笔，竟不能成书，刘集终亦不出。(《河南程氏外书》卷十二，第436页。)

## 附二：《朱子语类》所见评论①

和靖在程门直是十分钝底。被他只就一个"敬"字做工夫，终被他做得成。

和靖守得紧，但不活。

和靖持守有余而格物未至，故所见不精明，无活法。

和靖才短，说不出，只紧守伊川之说。

和靖谛当。又云："就诸先生立言观之，和靖持守得不失。然才短，推阐不去，遇面生者，说得颇艰。"

和靖守得谨，见得不甚透。如俗语说，他只是"抱得一个不哭底孩儿！"

问："和靖言，先生教人，只是专令用'敬以直内'一段，未尽。"曰："和靖才力短，伊川就上成就它，它亦据其所闻而守之，便以为是。"

自其上者言之，有明未尽处；自其下者言之，有明得一半，便谓只是如此。尹氏亦只是明得一半，便谓二程之教止此，孔孟之道亦只是如此。惟是中人之性，常常着力照管自家这心要常在。须是穷得透彻，方是。

和靖只是一个笃实，守得定。如涪州被召，祭伊川文云："不背其

---

① 〔南宋〕朱熹：《程子门人》，载《朱子语类》卷一百零一，见朱杰人、严佐之、刘永翔主编：《朱子全书（第17册）》，上海、合肥：上海古籍出版社、安徽教育出版社2010年版，第2575—2578页。

师则有之，有益于世则未也。"因言："学者只守得某言语，已自不易，少间又自转移了。"

和靖说"主一"。与祈居之云："如人入神庙，收敛精神，何物可入得！"有所据守。

和靖主一之功多，而穷理之功少。故说经虽简约，有益学者，但推说不去，不能大发明。在经筵进讲，少开悟启发之功。绍兴初入朝，满朝注想，如待神明，然亦无大开发处。是时高宗好看山谷诗。尹云："不知此人诗有何好处？陛下看它作什么？只说得此一言。然只如此说，亦何能开悟人主！大抵解经固要简约。若告人主，须有反复开导推说处，使人主自警省。盖人主不比学者，可以令他去思量。如孔子告哀公颜子好学之问，与答季康子详略不同，此告君之法也。"

和靖当经筵，都说不出。张魏公在蜀中，一日，招和靖语之："人有不为也，而后可以有为"，此孟子至论。和靖曰："未是。"张曰："何者为至？"和靖曰："好善优于天下为。"先生曰："此和靖至论，极中张病。然正好发明，惜但此而止耳。张初不喜伊洛之学，故谏官有言。和靖适召至九江，见其文，辞之，张皇恐再荐。和靖持守甚确，凡遇饮，手足在一处。醉后亦然。"

胡文定初疑尹和靖，后见途中辞召表，方知其真有得。表言"臣师程某，今来亦不过守师之训。变所守，又何取"云云。之意。时陈公辅论伊川学，故途中进此表，尹亦只得如此辞。文定以此取之，亦未可见尹所得处。

尹子之学有偏处。渠初见伊川，将朱公掞所抄语录去呈，想是他为有看不透处。故伊川云："某在，何必观此书？"盖谓不如当面与它说耳。尹子后来遂云："语录之类不必看。"不知伊川固云"某在不必观"，今伊川既不在，如何不观？又如云："易传是伊川所自作者，其它语录是学者所记。故谓只当看易传，不当看语录。"然则夫子所自作者春秋而已，论语亦门人所记也。谓学夫子者只当看春秋，不当看论语，可乎！

尹和靖疑伊川之说，多其所未闻。

王德修相见。先生问德修："和靖大概接引学者话头如何？"德修曰："先生只云'在力行'。"曰："力行以前，更有甚功夫？"德修曰："尊其所闻，行其所知。"曰："须是知得，方始行得。"德修曰："自'吾十有五而志于学'，以至'从心所欲不踰矩'，皆是说行。"曰："便是先知了，然后志学。"

问："'天地设位，而易行乎其中矣。'和靖言行录云：'易行乎其中，圣人纯亦不已处。'莫说得太拘？'天地设位，而易行乎其中矣'，如言'天高地下，万物散殊'，而礼制行乎其中，无适而非也。今只言圣人'纯亦不已'，莫太拘了？"曰："亦不是拘，他说得不是。阴阳升降便是易。易者，阴阳是也。"

和靖与杨畏答问一段语，殊无血脉。谓非本语，极是。龟山说得固佳，然亦出于程子"羁靮以御马而不以制牛，胡不乘牛而服马"之说。镐。

"人之所畏，不得不畏。"此是和靖见未透处，亦是和靖不肯自欺屈强妄作处。镐。

和靖赴乐会，听曲子，皆知之，亦欢然；但拱手安足处，终日未尝动也。在平江时，累年用一扇，用毕置架上。凡百严整有常。有僧见之，云："吾不知儒家所谓周孔为如何，然恐亦只如此也。"

王德修言，一日早起见和靖。使人传语，令且坐，候看经了相见。少顷，和靖出。某问曰："先生看甚经？"曰："看光明经。"某问："先生何故看光明经？"曰："老母临终时，令每日看此经一部，今不敢违老母之命。"先生曰："此便是平日阙却那'谕父母于道'一节，便致得如此。"

# 游 酢

游酢（1053—1123），字定夫，福建南平人，北宋道学家，程门四大弟子之一，学者称廌山先生。年少时即与其兄游醇因文章而知名于世，元丰五年（1082年）高中进士，历任越州萧山县尉、博士、太学录、齐州判官、泉州签判、汉阳军知军、舒州、濠州知州等，谥号"文肃"。游酢在1072年中乡贡后，游学京师，首次拜见程颢，受到程颢高赞，1081年，游酢与杨时一起拜程颢为师，学成南归之后，程颢目送之曰："吾道南矣"，对于其传道寄予厚望。后在程颢去世之后，在元祐八年（1093年）又与杨时一起赴洛阳拜程颐为师，留下"程门立雪"之典故。所著有《中庸义》《易说》《诗二南义》《论语·孟子杂解》《文集》各一卷。游酢为程颐所深喜，程颐称"游君德气纯粹"，[①] 谢良佐说："伯淳最爱中立，正叔最爱定夫，二人气象相似也"[②]，又问："吕、游、杨、谢四子之说孰优？（朱子）曰：此非后学所敢言。程先生于游称其颖悟温厚，谓杨不及游。"[③] 程颐曰："建州游酢，非昔日之游酢也，固是颖悟，然资质温厚。南剑州杨时虽不逮酢，然煞颖悟。"[④] 由此可见

---

[①] 〔南宋〕朱熹：《伊洛渊源录》卷九，见朱杰人、严佐之、刘永翔主编：《朱子全书（第12册）》，上海、合肥：上海古籍出版社、安徽教育出版社2010年版，第1044页。

[②] 〔南宋〕朱熹：《上蔡语录》卷中，见朱杰人、严佐之、刘永翔主编：《朱子全书外编（第3册）》，上海：华东师范大学出版社2010年版，第23页。

[③] 〔南宋〕朱熹：《四书或问》，见朱杰人、严佐之、刘永翔主编：《朱子全书（第6册）》，上海、合肥：上海古籍出版社、安徽教育出版社2010年版，第554页。

[④] 〔北宋〕程颢、程颐：《河南程氏遗书》卷二上，见〔北宋〕程颢、程颐：《二程集》，王孝鱼点校，北京：中华书局1981年版，第45页。

游酢在程门的地位。朱子说:"游定夫德性甚好。"① 朱子与程颐一样,都对游酢的德性赞赏有加,但这并不影响朱子对其哲学思想的否定。他说:"程门高弟如谢上蔡、游定夫、杨龟山辈,下稍皆入禅学去。"② 又说:"游杨谢三君子初皆学禅。后来余习犹在,故学之者多流于禅。游先生大是禅学。"③ 在朱子看来,游酢德性的纯粹并未能保证其学问的纯然不杂,朱子的这一评判几乎成为定论,胡宏的评价更为激烈,认为其乃是程门罪人。④ 检遍游酢论著,论及"天理"不过两处,而论"道"史料则较为丰富。游酢在二程的基础上继续发挥:"道者,天也。道为万物之奥,故足以统天。"⑤ 游酢不仅认为"道"与"天"同,更在"道"乃万物根本、万物规律的基础上,提出"道"可以统合"天",这无疑比二程将"道"拔得更高、更远。在"道"与"物"的关系上,游酢亦强调"道"在"物"中,他说:"道不违物,存乎人者日用而不知耳"⑥,也就是说,"道"不造作,只是顺应万物而存在,它就在万物之中。同时,游酢也主张"即气论性",他说:"惟其同出于一气,而气之所值有全有偏、有邪有正、有粹有驳、有厚有薄,然后有上智、下愚、中人之不同也。犹之大块噫气,其名为风。风之所出无异,气也。

---

① 〔南宋〕朱熹:《朱子语类》卷一百零一,见朱杰人、严佐之、刘永翔主编:《朱子全书(第17册)》,上海、合肥:上海古籍出版社、安徽教育出版社2010年版,第3380页。

② 〔南宋〕朱熹:《朱子语类》卷一百零一,见朱杰人、严佐之、刘永翔主编:《朱子全书(第17册)》,上海、合肥:上海古籍出版社、安徽教育出版社2010年版,第3358页。

③ 〔南宋〕朱熹:《朱子语类》卷一百零一,见朱杰人、严佐之、刘永翔主编:《朱子全书(第17册)》,上海、合肥:上海古籍出版社、安徽教育出版社2010年版,第3358—3359页。

④ 胡宏说:"定夫为程门罪人。"(《龟山学案》,见〔清〕黄宗羲、全祖望:《宋元学案》,陈金生、梁运华点校,北京:中华书局1986年版,第994页。)

⑤ 〔北宋〕游酢:《中庸义》,见〔北宋〕游酢:《游酢文集》,延吉:延边大学出版社1998年版,第131页。

⑥ 〔北宋〕游酢:《中庸义》,见〔北宋〕游酢:《游酢文集》,延吉:延边大学出版社1998年版,第126页。

而叱者、吸者、叫者、号者，其声若是不同，以其所托者物，物殊形耳。其声之不同而谓有异风，可乎？孟子谓性善正类此也。荀卿言性恶，扬雄言人之性善恶混，韩愈言性有三品，盖皆蔽于末流而不知其本也。观五方之民刚柔轻重迟速异齐，则气之所禀可以类推之也。"① 这是游酢对现实人性的差异所做的论述，人之大本皆同，不同就是因为"气"的杂入，他认为"气"的掺入导致人的贤愚不同。他认为，"性"是一样的，人与人的不同是因为"物"的殊形，并批评荀子、扬雄和韩愈所认为的性只是遗本而涉末。可以看出，游酢论"性"基本不出二程论"性"的范围，坚持儒家的性善论，亦对"性"作出区分。至于工夫，游酢并没有什么特色。就程门主旨来说，游酢对"敬"极为强调，与尹焞有相似之处，都对"格物致知"不重视。遍查其著作，唯有一处提到"致知"，他说："夫行道必自致知始，使知道如知味，斯道其忧不行乎？今也鲜能知味，此道之所以不行也。"② 他在这里强调行道应该从"致知"开始，对于如何致知，他并没有过多解释。对于"敬"，他说："事之所在，无所不用其敬焉，则民孰有不敬者哉！"③ 又说："出门如见大宾，则无时而不敬也；使民如承大祭，则无事而不敬也。"④ 可见，游酢对"敬"是极为重视，他认为凡事皆须用敬。而对于如何做到"敬"，亦没有解读。除此之外，他亦强调改过、慎独等修身工夫，从他的主张来看，他注重向内体认之工夫，缺了外边一截工夫，这也是其被后人诟病之缘由。

---

① 〔北宋〕游酢：《论语杂解》，《游酢文集》，延吉：延边大学出版社1998年版，第114页。

② 〔北宋〕游酢：《中庸义》，《游酢文集》，延吉：延边大学出版社1998年版，第124页。

③ 〔北宋〕游酢：《论语杂解》，《游酢文集》，延吉：延边大学出版社1998年版，第82页。

④ 〔北宋〕游酢：《论语杂解》，《游酢文集》，延吉：延边大学出版社1998年版，第112页。

## 附一：《二程集》所见答问

（1）子曰：游文定公之门者多知稽古而爱民，诚如是，亦可从政矣。（《程氏粹言》卷一，第1214页。）

（2）游酢曰：能戒谨于不睹不闻之中，则上天之载可循序而进矣。子曰：是则然矣。虽然，其序如之何，循之又如何也？荀卿曰：始乎为士，终也为圣，其言是也。而曰性者恶也，礼者伪也，然则由士而圣人者，彼亦不知其所循之序矣。可不深思而谨择乎？（《程氏粹言》卷二，第1258页。）

（3）先生道德之高致，经纶之远图，进退之大节，伊川季先生与门人高第既论其实矣，酢复何言？谨拾其遗事，备采录云。

先生生而有妙质，闻道甚早，年逾冠，明诚夫子张子厚友而师之。子厚少时自喜其才，谓提骑卒数万，可横行匈奴，视叛羌为易与耳，故从之游者，多能道边事；既而得闻先生论议，乃归谢其徒，尽弃其旧学，以从事于道。其视先生虽外兄弟之子，而虚心求益之意，恳恳如不及，逮先生之官，犹以书抵扈，以定性未能不动致问。先生为破其疑，使内外动静，道通为一，读其书可考而知也。其后子厚学成德尊，识者谓与孟子比，然犹秘其学，不多为人讲之。其意若曰："虽复多闻，不务畜德，徒善口耳而已。"故不屑与之言。先生谓之曰："道之不明于天下久矣，人善其所习，自谓至足，必欲如孔门不愤不启，不悱不发，则师资势隔，而先王之道或几乎熄矣。趣今之时，且当随其资而诱之，虽识有明暗，志有浅深，亦各有德焉，而尧、舜之道庶可驯致。"子厚用其言，故关中学者躬行之多，与洛人并。推其所自，先生发之也。擢为御史，睿眷甚渥，亟承德音，所献纳必据经术，事常辨于早而戒于渐。一日，神宗纵言及于辞命。先生曰："人主之学，唯当务为急，辞命非所先也。"神宗为之动颜。会同天节宫嫔争献奇巧，为天子寿。先生既言于朝，又顾谓执政戒之。执政曰："宫嫔实为，非上意也，庸何伤？"先生曰："作淫巧以荡上心，所伤多矣，公之言非是。"执政辞遂屈。是时有同在台列者，志未必同，然心慕其为人，尝语人曰："他人之贤者，犹可得而议也。乃若伯淳，则如美玉然，反复视之，表里洞彻，莫见疵瑕。"

先生平生与人交，无隐情，虽僮仆必托以忠信，故人亦不忍欺之。尝自澶渊遣奴持金诣京师贸用物，计金之数可当二百千。奴无父母妻子，同列闻之，莫不骇且诮。既而奴持物如期而归，众始叹服。盖诚心发于中，畅于四支，见之者信慕，事之者革心，大抵类此。

先生少长亲闻，视之如伤，又气象清越，洒然如在尘外，宜不能劳苦；及遇事，则每与贱者同起居饮食，人不堪其难，而先生之裕如也。尝董役，虽祁寒烈日，不拥裘，不御盖，时所巡行，众莫测其至；故人自致力，常先期毕事。异时夫伍，中夜多哗，一夫或怖，万夫或怖，万夫竞起，奸人乘虚为盗者，不可胜数；先生以师律处之，遂讫去无哗者，及役罢夫散，部伍犹肃整如常。

初至鄠，有监酒税者，以贿播闻，然怙力文身，自号能杀人，众皆怿之，虽监司州将未敢发。先生至，将与之同事。其人心不自安，辄为言曰："外人谓某自盗官钱，新主簿将发之。某势穷，必杀人。"言未讫，先生笑曰："人之为言，一至于此！足下食君之禄，讵肯为盗？万一有之，将救死不暇，安能杀人？"其人默不敢言，后亦私偿其所盗，卒以善去。州从事有既孤而遭祖母丧者，身为嫡孙，未果承重。先生为推典法意，告之甚悉，其人从之，至今遂为定令，而天下搢绅始习为常。盖先生御小人使不丽于法，助君子使必成其美，又大抵类此。

先生虽不用，而未尝一日忘朝廷。然久幽之操，确乎如石，胸中之气冲如也。所至，士大夫多弃官从之学，朝见而夕归，饮其和，茹其实，既久而不能去。其徒有贫者，以单衣御冬，累年而志不变，身不屈。盖先生之教，要出于为己。而士之游其门者，所学皆心到自得，无求于外，以故甚贫者忘饥寒，已仕者忘爵禄，鲁重者敏，谨细者裕，强者无拂理，懦者有立志，可以修身，可以齐家，可以治国平天下。非若世之士，妄意空无，追咏昔人之精粕，而身不与焉，及措之事业，则依然无据而已也。

方朝廷图任真儒，以惠天下，天下有识者谓先生行且大用矣。不幸而先生卒。呜呼！道之行与废，果非人力所能为也，悲夫！哭而为之赞曰：天地之心，其太一之体欤！天地之化，其太和之运欤！确然高明，万物覆焉；隤然博厚，万物载焉；非以其一欤！阳自此舒，阴自此凝；消息满虚，莫见其形；非以其和欤！夫子之德，其融心涤虑，默契于此欤！不然，何穆穆不已，浑浑无涯，而能言之士，莫足以颂其美欤！嗟乎！孰谓此道未施，此民未觉，而先觉者逝欤！百世之下，有想见夫子而不可得者，亦能观诸天地之际欤！（《河南程氏遗书》附录，第334—336页。）

（4）子曰："游酢得《西铭》诵之，即涣然不逆于心，曰：'此《中庸》之理也，能求于语言之外者也。'"（《河南程氏外书》卷七，第397页。）

（5）游定夫酢问伊川曰："戒慎乎其所不睹，恐惧乎其所不闻，便可驯致于无声无臭否？"伊川曰："固是。"后谢显道（良佐）问伊川，如定夫之问。伊川曰："虽即有此理，然其间有多少般数。"谢曰："既云可驯致，更有何般数？"伊川曰："如荀子谓始乎为士，终乎为圣人，此语有何不可，亦是驯致之道，然他却以性为恶，桀、纣性也，尧、舜伪也，似此驯致，便不错了。"（《河南程氏外书》卷十二，第431页。）

（6）游定夫问伊川"阴阳不测之谓神"，伊川曰："贤是疑了问？是拣难底问？"（《河南程氏外书》卷十二，第443页。）

（7）游酢、杨时先知学禅，已知向里没安泊处，故来此，却恐不变也。(《河南程氏遗书》卷二上,第38页。)

(8) 游、杨初见伊川,伊川瞑目而坐,二子侍立。既觉,顾谓曰:"贤辈尚在此乎?日既晚,且休矣。"及出门,门外之雪深一尺。(《河南程氏外书》卷十二,第429页。)

(9) 子曰:游酢、杨时始也为佛氏之学,既而知不足安也,则来,有所请。庶乎!其能变。(《程氏粹言》卷二,第1233页。)

**附二:《朱子语类》所见评论**[①]

(1) 游定夫德性甚好。

(2) 游定夫,徽庙初为察院,忽申本台乞外,如所请。志完骇之。定夫云:"公何见之晚!如公亦岂能久此?"

# 袁 溉

袁溉,字道洁,生卒年不详,可考的是,他是为数不多的跨越两宋的程门弟子之一,安徽阜阳人,拜师程颐。袁溉之学,上至六经百氏,下至博弈小数、方术兵书,无所不通,尤其擅长《易经》《礼记》。闻知王庶家有伊洛遗书,遂不远千里,赴其家抄书学习,可见其笃学之诚。早年高中进士,金兵南犯,在家乡召集乡民积极抗金,后避地于颍州西山之中。建炎初年,盗匪四起,又避地于金州、房州大山之中。后朝廷举行进士考试,友人劝其赴试求官,他严词拒绝,说:"官不可苟求也"!不久,又避难移居四川富顺县。在此期间,与隔壁卖香翁薛翁往

---

[①] 〔南宋〕朱熹:《程子门人》,载《朱子语类》卷一百零一,见朱杰人、严佐之、刘永翔主编:《朱子全书(第17册)》,上海、合肥:上海古籍出版社、安徽教育出版社2010年版,第2574—2575页。

来频繁,纵论六经,薛翁曾点拨其道:"子学已博,然寡要。夫经所以载道,而言所以明道,何以多为"①,并将其学尽授袁溉,由此其学愈加精纯卓绝。当其由蜀地行至夏口(今湖北汉口)时,岳飞闻其名,特邀其至幕下一见,袁溉有预见地说道:"岳公武人而泥古,难乎免矣!"②显示出其特有的识人之明。而后往来于荆州、夷陵、秭归,被时人称之为"厚德君子"。在七十岁的时候,穷病交加,亡于荆州二圣寺。膝下无子,名士薛季宣乃其高弟,曾为其作行状《袁先生传》,存于《浪语集》。薛季宣高赞其学道:"先生以所学纂一文字,凡四类:曰理,曰义,曰事,其一则忘之矣。"③

## 翟霖

翟霖,生卒年不详,程颐弟子。所留事迹不多,《宋元学案》《龟山集》曾记载一则轶事。在翟霖送程颐西迁的路上,路过一寺庙,借宿僧人住处,翟霖坐靠佛像,程颐令其转过来,不能倚靠,翟霖疑惑问程颐道:"岂以其徒敬之,故亦当敬邪?"程颐曰:"但具人形貌,便不当慢。"④ 以此可见程颐笃信主敬如此。同时,翟霖也以此向同门弟子杨时请教,杨时说:"孔子云:'始作俑者,其无后乎!为其象人而用之也。'盖象人而用之,其流必至于用人。君子无所不用其敬,见似人者不忽,

---

① 《刘李诸儒学案》,见〔清〕黄宗羲、全祖望:《宋元学案》,陈金生、梁运华点校,北京:中华书局1986年版,第1075页。
② 《刘李诸儒学案》,见〔清〕黄宗羲、全祖望:《宋元学案》,陈金生、梁运华点校,北京:中华书局1986年版,第1075页。
③ 《刘李诸儒学案》,见〔清〕黄宗羲、全祖望:《宋元学案》,陈金生、梁运华点校,北京:中华书局1986年版,第1076页。
④ 《刘李诸儒学案》,见〔清〕黄宗羲、全祖望:《宋元学案》,陈金生、梁运华点校,北京:中华书局1986年版,第1080页。

于人可知矣。若于似人者而生慢易之心，其流必至于轻忽人。"①

# 张 杲

张杲，字旸叔，事迹不详。

# 张闳中

张闳中，事迹不详。朱熹著《伊洛渊源录》只录其名，不叙事迹。

**附：《二程集》中所见答问**

《答张闳中书》

《易传》未传，自量精力未衰，尚觊有少进耳。然亦不必直待身后，觉耄则传矣。书虽未出，学未尝不传也，第患无受之者耳。

来书云："易之义本起于数。"谓义起于数则非也。有理而后有象，有象而后有数，易因象以明，理由象而知，数得其义，则象数在其中矣。必欲穷象之隐微，尽数之毫忽，乃寻流逐末，术家之所尚，非儒者之所务也。管辂、郭璞之徒是也。理无形也，故因象以明理。理既见乎辞矣，则可由辞以观象。故曰：得其义，则象数在其中矣。（《二程文集》卷九，第615页。）

---

① 《刘李诸儒学案》，见〔清〕黄宗羲、全祖望：《宋元学案》，陈金生、梁运华点校，北京：中华书局1986年版，第1080页。

# 张 绎

张绎（1071—1108），字思叔，河南寿安（今河南省宜阳县）人。程颐说"晚得二士"，此二士即为张绎、尹焞。张绎家贫，年长尚未读书，初为酒保，因目遇县官路上排场，心生羡慕，开始发奋读书，其志为教者所怜悯，入县学、府学，最后被推荐参加科举之学。张绎素喜作诗，程门高弟谢良佐见其诗称之，遂召其相见，劝其首先读《论语》，之后谢良佐又荐其拜程颐为师，为程颐所称道。《北窗炙》中评道："其后伊川之学，最得其传者，惟思叔。"① 《河南程氏外书》有言："子谓尹焞鲁，张绎俊。俊恐他日过之，鲁者终有守也。尹子、张子见先生曰：二子某言如何？尹子对曰：闻先生之言，言下领意，焞不如绎。能终守先生之学，绎亦不如焞，先生欣然曰：各中其病。"② 可见，张绎确实是颖悟之辈。因同门周行己之荐，始从程颐先生学。程颐从涪陵归来，张绎始见之，晚年从学者甚众，程颐独赞张绎，将族女嫁给张绎。张绎在程门中扮演的最重要的角色即是在程颐晚年之时，程颐"著《易传》方草具，未及成书，而先生得疾，将启手足，以其书授门人张绎，未几而绎卒"③。也就是说，程颐著《易》书，得病之后将其传给张绎，张绎未编完也随即去世。张绎与其师一样，对科举之学并不感兴趣，尤其在师从程颐之后，一去年轻时对县官的羡慕之情，朝廷虽屡屡征召，他不为所动，终以道德为业。张绎早逝，年仅三十八就去世，且加上其

---

① 〔南宋〕施彦执：《北窗炙輠录》，见山右历史文化研究院编：《山右丛书·初编（第11册）》，上海：上海古籍出版社2011年版，第448页。

② 〔北宋〕程颢、程颐：《河南程氏外书》卷十一，见〔北宋〕程颢、程颐：《二程集》，王孝鱼点校，北京：中华书局1981年版，第412页。

③ 程水龙：《近思录集校集注集评》，上海：上海古籍出版社2012年版，第403页。

不注重著述，故所留的著作不多，仅存有《张思叔座右铭》《师说》《祭程伊川文》等篇及《明德录》行世，他的《座右铭》曰："凡语必忠信，凡行必笃敬，饮食必慎节，字画必楷正。容貌必端庄，衣冠必肃整，步履必安详，居处必正静，作事必谋始，出言必顾行，常德必固持，然诺必重应，见善如己出，见恶如己病。凡此十四事，我皆未深省，书此当坐隅，朝夕视为警。"① 从此铭中可以看出张绎对个人涵养的重视，这类似于程颐提的《四箴》。张绎作为程颐晚年弟子，并不为后人重视，直到清同治三年（1864 年）秋，知县恒伦崇敬思叔人品高洁，托人遍访思叔遗著，力求一读。三载后，门人张某携书进见，恒伦视为珍宝，又辑得思叔《送友诗》一首，《绛州思堂记》一首，由邑人庠生吴象九初镌成《明德录》原本。

### 附一：《二程集》所见答问

（1）"子在川上，曰逝者如斯夫"，言道之体。如此，这里须是自见得。张绎曰："此便是无穷"，先生曰："固是道无穷，然怎生一个无穷便了得他？"（《河南程氏遗书》卷十九，第 251 页。）

（2）谢良佐与张绎说："某到山林中静处便有喜意，觉着此不是。"先生曰："人每至神庙佛殿处便敬，何也？只是每常不敬，见彼乃敬。若还常敬，则到佛殿庙宇，亦只如此。不知在闹处时，此物安在？直到静处乃觉。"绎言："伊云，只有这些子已觉。"先生曰："这回比旧时煞长进。这些子已觉固是，若谓只有这些子，却未敢信。"（《河南程氏遗书》卷十九，第 255—256 页。）

（3）先生谓绎曰："吾受气甚薄，三十而浸盛，四十五十而后完。今生七十二年矣，校其筋骨，于盛年无损也。"又曰："人待老而求保

---

① 〔明〕范立本：《明心宝鉴》，东方出版社编辑部注译，北京：东方出版社 2014 年版，第 172 页。

生,是犹贫而厚蓄积,虽勤亦无补矣。"绎曰:"先生岂以受气之薄而后为保生邪?"夫子默然曰:"吾以忘生狥欲为深耻。"(《河南程氏遗书》卷二十一上,第269页。)

(4)绎曰:"邹浩以极谏得罪,世疑其卖直也。"先生曰:"君子之于人也,当于有过中求无过,不当于无过中求有过。"(《河南程氏遗书》卷二十一上,第272页。)

(5)张思叔问:"'贤贤易色'如何?"曰:"见贤即变易颜色,愈加恭敬。"(《河南程氏遗书》卷二十二上,第280页。)

(6)思叔告先生曰:"前日见教授夏侯旄,甚叹服。"曰:"前时来相见,问后极说与他来。既问,却不管他好恶,须与尽说与之。学之久,染习深,不是尽说,力抵介甫,无缘得他觉悟。亦曾说介甫不知事君道理,观他意思,只是要'乐子之无知'。如上表言:'秋水既至,因知海若之无穷,大明既升,岂宜爝火之不息?'皆是意思常要己在人主上。自古主圣臣贤,乃常理,何至如此!又观其说鲁用天子礼乐云:'周公有人臣所不能为之功,故得用人臣所不得用之礼乐。'此乃大段不知事君。大凡人臣身上,岂有过分之事?凡有所为,皆是臣职所当为之事也。介甫平居事亲最孝,观其言如此,其事亲之际,想亦洋洋自得,以为孝有余也。臣子身上皆无过分事,惟是孟子知之,如说曾子,只言'事亲若曾子可矣'。不言有余,只言可矣。唐子方作一事,后无闻焉,亦自以为报君足矣,当时所为,盖不诚意。"嘉仲曰:"陈瓘亦可谓难得矣。"先生曰:"陈瓘却未见其已。"(《河南程氏遗书》卷二十二上,第281页。)

(7)思叔问:"荀彧如何?"曰:"彧才高识不足。"孟纯问:"何颙尝称其有王佐才。"曰:"不是王佐才。"嘉仲问:"如霍光、萧、曹之徒如何?"曰:"此可为汉时王佐才。"棣问:"史称董仲舒是王佐才,如何?"曰:"仲舒是言其学术。若论至王佐才,须是伊、周,其次莫如张良,诸葛亮、陆宣公。"(《河南程氏遗书》卷二十二下,第298—299页。)

(8) 思叔问:"孟子言'善推其所为',是欤?"曰:"圣人则不待推。"(《河南程氏遗书》卷二十二下,第302页。)

(9) 呜呼!夫子没而微言绝,则固不可得而闻也。一本上有某等字。然天不言而四时行,地不而百物生。惟与二三子,一本无此五字,有"益当"字。洗心去智,格物去意,期默契斯道,在先生为未亡也。呜呼!二三子之志,一作某等之志。不待物而后见;先生之行,不待诔而后征;然而山颓梁坏,何以寄情?凄风一奠,敬祖于庭;百年之恨,并此以倾。(《河南程氏遗书》附录,第347页。)

(10) 张思叔请问,其论或太高。伊川不答,良久曰:"累高必自下。"

尹子问范淳夫之为人,子曰:"其人如玉。"(《河南程氏外书》卷十一,第412页。)

(11) 张思叔作《商税院题名记》,先生以为得体。李邦直卒,委思叔作祭文,多溢美。先生顾思叔曰:"《商税院题名记》,是公所为乎?"思叔唯唯。他日别制祭文用之,曰:"世推文章,位登丞辅;编简见其才华,廊庙存其步武。"(《河南程氏外书》卷十一,第418页。)

(12) 范温讥张思叔曰:"买取锦屏三亩地,蒲轮未至且躬耕。"先生闻之曰:"于张绎有何加损也?"(《河南程氏外书》卷十一,第418页。)

(13) (尹焞)先生曰:"张思叔一日于伊川坐上理会尽心、知性、知天、事天。伊川曰:'释氏只令人到知天处休了,更无存心养性事天也。'思叔曰:'知天便了,莫更省事否?'伊川曰:'子何似颜子?颜子犹视听言动,不敢非礼,乃所以事天也。子何似颜子?'"(《河南程氏外书》卷十二,第432页。)

(14) 张思叔三十岁方见伊川，后伊川一年卒。初以文闻于乡曲，自见伊川后，作文字甚少。伊川每云："张绎朴茂。"（《河南程氏外书》卷十二，第433页。）

(15) 或谓张绎曰："吾至于闲静之地，则洒然心悦，吾疑其未善也。绎以告子。"程子曰："然。社稷宗庙之中，不期敬而自敬，是平居未尝敬也。使平居无不敬，则社稷宗庙之中，何敬之？改修乎？然则以静为悦者，必以动为厌。方其静时，所以能悦静之心，又安在哉？"（《程氏粹言》卷二，第1226页）

(16) 呜呼！利害生于身，礼义根于心。伊此心丧于利害，而礼义以为虚也，故先生踽踽独行斯世—作于世。而众乃以为迂也。惟尚德者以为卓绝之行，而忠信者以为孚也；立义者以为不可犯，而达权者以为不可拘也。在吾先生，曾何有意？心与道合—作道会。泯然无际。无欲可以系羁兮，自克者知其难也；不立意以为言兮，知言者识其要也。德輶如毛，毛犹有伦；无声无臭，夫何可亲？呜呼！先生之道，不可得而名也—作某等不得而名也。伊言者反以为病兮，此心终不得而形也。惟泰山惟—作维。以为高兮，日月以为明也；春风以为和兮，严霜以为清也。

在昔诸儒，各行其志；或得于数，或观于礼；学者趣之—作趋之。世济其美。独吾先生，澹乎无味；得味之真，死其乃已。

自某之见，—作某等受教。七年于兹；含孕化育，以蕃以滋。天地其容我兮，父母其生之；君亲其临我兮，夫子其成之。欲报之心，何日忘之？先生有言，—本上有昔字。见于文字者有七分之心，绘于丹青者有七分之仪。七分之仪，固不可益；七分之心，犹或可推。而今而后，将筑室于伊、雒之滨，望先生之墓，以毕吾此生也。—无吾字。（《河南程氏遗书》附录，第346—347页。）

(17) 思叔诟詈仆夫，伊川曰："何不动心忍性？"思叔惭谢。（《河南程氏外书》卷十二，第430页。）

### 附二：《朱子语类》所见评论[1]

张思叔与人做思堂记，言世间事有当思者，有不当思者：利害生死，不当思也；如见某物而思终始之云云，此当思也。

# 赵彦道

赵彦道，字景平，取"王道平平"之义。程颐弟子。事迹不详。

### 附：《二程集》所见答问

（1）赵景平问："'子罕言利与命与仁'，所谓利者何利？"曰："不独财利之利，凡有利心，便不可。如作一事，须寻自家稳便处，皆利心也。圣人以义为利，义安处便为利。如释氏之学，皆本于利。故便不是。"（《河南程氏遗书》卷十六，第173页。）

（2）赵景平问："'未见蹈仁而死者'，何谓蹈仁而死？"曰："赴水火而死者有矣，杀身成仁者，未之有也。"（《河南程氏遗书》卷十六，第173页。）

（3）昔有赵承议从伊川学，其人性不甚利，伊川令看敬字。赵请益，伊川曰："整衣冠，齐容貌而已。"（《河南程氏外书》卷十二，第433页。）

---

[1]〔南宋〕朱熹：《程子门人》，载《朱子语类》卷一百零一，见朱杰人、严佐之、刘永翔主编：《朱子全书（第17册）》，上海、合肥：上海古籍出版社、安徽教育出版社2010年版，第2578页。

## 周纯明

周纯明,字全伯,生卒年不详,河南濮阳人,曾中进士。周长孺之子。长孺乃邵雍弟子,在其去世之后,邵雍将周纯明抚养成人,视如己出,并为其娶程颐侄女为妻。邵雍去世之后,周纯明拜于程颐门下。曾因嫡母和生母之丧问礼于程颐、邵伯温。

### 附:《二程集》所见答问

一日,二程先生侍大中公,访康节于天津之庐。康节携酒,饮月陂上,欢甚,语其平生学术出处之大致。明日,明道怅然谓门生周纯明—作甫曰:"昨从尧夫先生游,听其论议,振古之豪杰也。惜其无所用于世。"纯明曰:"所言何如?"明道曰:"内圣外王之道也。"是日,康节有诗,明道和之。今各见集中。(《二程文集》遗文,第673页。)

## 周孚先

周孚先,字伯忱,江苏常州晋陵人,生卒年不详。但从其在绍兴丁巳年(1137年)写的书信中可知,其至少是活跃在两宋之际的人物。建中靖国初,与其弟恭先拜程颐为师。不事科举,朝廷以布衣身份赐其承议郎。绍兴五年(1135年)赐同进士出身,再因张九成所荐,任临安教授。著有《论语解》《伊川语录》等,朱子在其《论孟精义》中收录有其《论语解》部分语录。程颐称:"孚先兄弟气质淳明,可与入道",[①] 又

---

[①] 〔南宋〕朱熹:《伊洛渊源录》卷十四,见朱杰人,严佐之,刘永翔主编:《朱子全书(第12册)》,上海、合肥:上海古籍出版社、安徽教育出版社2010年版,第1108页。

说："二周与杨时似同胞",① 以所疑为书,请质于伊川先生,辄得亲笔开谕,服膺拳拳,惟以颜子为法,程门高弟皆推之。张九成亦说:"孚先问学渊源,操履方正,久游庠序,士论推服,欲望朝廷处以师儒之职,使为后学矜式,庶几尽其所长,少补教化。"② 以此可见周孚先之品行,确然有可赞之处。

### 附:《二程集》所见答问

《答周孚先问》

问:"先生旧语门人云:'天下至忙者,无如禅客。市井之人,虽曰营利,犹有休息时。禅客行住坐卧,无不在道。存无不在道之心,便是至忙。'"孚先窃谓此语,如孟子所谓'必有事焉而勿正,心勿忘勿助长'也。若正若助长,即是忙也。或者谓此语非为学者设,谓以圣人方之,禅客未尝闲,若学者须是行住坐卧在道。

存无不在道之心,便是助长。方其学也,固当有事。亦当知助长之非。

问:《书》曰:"惟圣罔念作狂,惟狂克念作圣。"孚先窃谓,圣者谓有圣人资质,一不念则流入于狂。狂者进取。曾晳之徒是也。借如颜子,不能拳拳服膺,亦必至于此。若是圣人,则从心所欲不踰矩,虽不念亦无害也。

六德:知仁圣义中和。圣,通明之称。狂,狂愚之称。

问:孔子曰"知者乐水,仁者乐山,知者动,仁者静,知者乐,仁者寿。"孚先窃谓乐山乐水,状仁、知之体,动静述仁、知之用;乐与

---

① 〔南宋〕朱熹:《伊洛渊源录》卷十四,见朱杰人,严佐之,刘永翔主编:《朱子全书(第12册)》,上海、合肥:上海古籍出版社、安徽教育出版社2010年版,第1108页。

② 〔南宋〕李心传编撰:《建炎以来系年要录》,胡坤点校,北京:中华书局1956年版,第1569页。

寿明仁知之效。知则能知之，能知之则务穷物理，务穷物理则运用不息，故乐水。水谓其周流也，故动。动谓其理之无穷也，故乐。乐谓其无疑也。仁则能体之，能体之则有得于所性，有得于所性则循理而行之，故乐山。山谓其安止也，故静。静谓其无待于外也，故寿。寿谓其达生理也。言意未能体仁知，且宜潜思。

问：孔子曰"知及之仁不能守之，虽得之，必失之。知及之，仁能守之，不庄以莅之，则民不敬。知及之，仁能守之，庄以莅之，动之不以礼，未善也。"孚先窃谓，此语是告学者，亦是入道之序。故知及之者，见得到也；仁能守之者，孳孳于此也；庄以莅之者，外设藩垣以远暴慢也；动之以礼，观时应用皆欲中节也。或者谓此是人君事。临政处己，莫不皆然。所谓仁能守之者，孳孳于此也，此言未能尽仁，且宜致思。仁则安矣，所以云守也。

孚先旧讲习太学，建中靖国庚辰冬，过洛阳，游伊川先生之门，预群弟子之列，亲炙模范，时闻诲语。越明年暮春，归省庭闱，期岁复入学，以所疑为书，请质于先生，皆得亲笔开谕。逮今几四十年矣。以今日视前日，固知学之不博，问之不切，日月逝矣，功不加倍，祗益自歉。绍兴丁巳冬，周孚先谨书。(《二程文集》卷九，第613—615页。)

# 周恭先

周恭先，字伯温，周孚先之弟，常州晋陵人，生卒年不详，活跃在两宋之际。在建中靖国初年，与孚先一起拜程颐为师，达十七年之久，闻听程颐讣告，不避风险，前往洛阳吊唁。与程颐多有问答。与其兄皆由乡荐入太学，气质卓越，尤笃于信道，登进士第后，授坑冶干官，每以沽名为戒，曾谓子孙曰："吾没后，毋为志文碑铭以重吾不德"，终身淡泊名利，恬于进取。与杨时多有交往，杨时在常州讲学期间，曾为杨时购买住宅，供其讲学居住，并在杨时去世后，将其所住房屋改为"龟山祠"，宋高宗御赐有"德宏学粹"，文天祥题有："斯文在兹"。恭先曾创立城东书院。

**附：《二程集》所见答问**

（1）伯温问："子路既于圣人之门有不和处，何故学能至于升堂？"曰："子路未见圣人时，乃暴悍之人，虽学至于升堂，终有不和处。"（《河南程氏遗书》卷二十二上，第277页。）

（2）先生曰："孔子弟子，颜子而下，有子贡。"伯温问："子贡，后人多以货殖短之。"曰："子贡之货殖，非后世之丰财，但此心未去而耳。"（《河南程氏遗书》卷二十二上，第277页。）

（3）伯温又问："心术最难，如何执持？"曰："敬。"（《河南程氏遗书》卷二十二上，第279页。）

（4）伯温问："学者如何可以有所得？"曰："但将圣人言语玩味久，则自有所得。当深求于《论语》，将诸弟子问处便作已问，将圣人答处便作今日耳闻，自然有得。孔孟复生，不过以此教人耳。若能于论、孟中深求玩味，将来涵养成甚生气质！"（《河南程氏遗书》卷二十二上，第279页。）

（5）伯温问："颜子如何学孔子到此深邃？"曰："颜子所以大过人者，只是得一善则拳拳服膺，与能屡空耳。"（《河南程氏遗书》卷二十二上，第279页。）

（6）伯温又问："尧、舜非孔子，其道能传后世否？"曰："无孔子，有甚凭据？"（《河南程氏遗书》卷二十二上，第279页。）

（7）伯温问："西狩获麟已后，又有二年经，不知如何？"曰："是孔门弟子所续。当时以谓必能尽得圣人作经之意，及再三考究，极有失作经意处。"(《河南程氏遗书》卷二十二上，第281页。)

（8）周伯温问："'回也三月不违仁'，如何？"曰："不违处，只是无纤毫私意。一作欲，下同。有少私意，便是不仁。"又问："博施济众，何故仁不足以尽之？"曰："既谓之博施济众，则无尽也。尧之治，非不欲四海之外皆被其泽，远近有闲，势或不能及。以此观之，能博施济众，则是圣也。"又问："孔子称管仲'如其仁'，何也？"曰："但称其有仁之功也。管仲其初事子纠，所事非正。春秋书'公伐齐纳纠'，称纠而不称子纠，不当立者也。不当立而事之，失于初也，及其败也，可以死，亦可以无死。与人同事而死之，理也。知始事之为非而改之，义也。召忽之死，正也。管仲之不死，权其宜可以无死也。故仲尼称之曰：'如其仁'谓其有仁之功也。使管仲所事子纠正而不死，后虽有大功，圣人岂复称之耶？若以为圣人不观其死不死之是非，而止称其后来之是非，则甚害义理也。"又问："如何是仁？"曰："只是一个公字。学者问仁，则常教他将公字思量。"(《河南程氏遗书》卷二十二上，第284—285页。)

（9）又问："郑人来渝平。"曰："更成也。国君而轻变其平，反复可罪。"又问："终隐之世，何以不相侵伐？"曰："不相侵伐固足称，然轻欲变平，是甚国君之道？"(《河南程氏遗书》卷二十二上，第285页。)

（10）又问："宋穆公立与夷，是否？"曰："大不是。左氏之言甚非。穆公却是知人，但不立公子冯，是其知人处。若以其子享之为知人，则非也。后来卒致宋乱，宣公行私惠之过也。"(《河南程氏遗书》卷二十二上，第285页。)

（11）伯温问："祭用祝文否？"曰："某家自来相承不用，今待用也。"又问："有五祀否？"曰："否。祭此全无义理。释氏与道家说鬼神甚可笑。道家狂妄尤甚，以至说人身上耳目口鼻皆有神。"(《河南程氏遗书》卷二十二上，第289页。)

（12）周伯温见，问："'至大'，'至刚'，'以直'，以此三者养气否？"曰："不然。是气之体如此。"又问："养气以义否？"曰："然。"又问："'配义与道'，如何？"曰："配道言其体，配义言其用。"又问："'我知言，我善养吾浩然之气'，如何？"曰："知言然后可以养气，盖不知言无以知道也。此是答公孙丑'夫子乌乎长'之问，不欲言我知道，故以知言养气答之。"又问："'夜气'如何？"曰："此只是言休息时气清耳。至平旦之气，未与事接，亦清。只如小儿读书，早晨便记得也。"又问："孔子言血气，如何？"曰："此只是大凡言血气，如礼记说'南方之强'是也。南方人柔弱，所谓强者，是义理之强，故君子居之。北方人强悍，所谓强者，是血气之强，故小人居之。凡人血气，须要理义胜之。"(《河南程氏遗书》卷二十二上，第289页。)

（13）又问："'吾不复梦见周公。'，如何？"曰："孔子初欲行周公之道，至于梦寐不忘；及晚年不遇、哲人将萎之时，自谓不复梦见周公矣。"因此说梦便可致思，思圣人与众人之梦如何？梦是何物？"高宗梦得说，如何？"曰："此是诚意所感，故形于梦。"(《河南程氏遗书》卷二十二上，第289页。)

（14）又问："金縢，周公欲代武王死，如何？"曰："此只是周公之意。"又问："有此理否？"曰："不问有此理无此理，只是周公人臣之意，其辞则不可信，只是本有此事，后人自作文足此一篇。此事与舜喜象意一般，须详看舜、周公用心处。尚书文颠倒处多，如金縢尤不可信。"(《河南程氏遗书》卷二十二上，第290页。)

（15）伯温问："梦帝与我九龄。"曰："与龄之说不可信。安有寿数而与人移易之理？"棣问："孔子梦坐奠于两楹之闲，如何？"曰："于理有之。"(《河南程氏遗书》卷二十二上，第291页。)

（16）伯温问："'尽其心则知其性，知其性则知天矣'，如何。"

曰："尽其心者，我自尽其心；能尽心，则自然知性知天矣。如言'穷理尽性以至于命'，以序言之，不得不然，其实，只能穷理，便尽性至命也。"又问事天。曰："奉顺之一本无之字。而已。"（《河南程氏遗书》卷二十二上，第292—293页。）

（17）周伯温见先生，先生曰："从来觉有所得否？学者要自得。六经浩森，乍来难尽晓，且见得路迳后，各自立得一个门庭，归而求之可矣。"伯温问："如何可以自得？"曰："思。'思曰睿，睿作圣'，须是于思虑闲得之，大抵只是一个明理。"棣问："学者见得这道理后，笃信力行时，亦有见否？"曰："见亦不一，果有所见后，和信也不要矣。"又问："莫是既见道理，皆是当然否？"曰："然。凡理之所在，东便是东，西便是西，何待信？凡言信，只是为彼不信，故见此是信尔。孟子于四端不言信，亦可见矣。"（《河南程氏遗书》卷二十二上，第296页。）

（18）伯温又问："孟子言心、性、天，只是一理否？"曰："然。自理言之谓之天，自禀受言之谓之性，自存诸人言之谓之心。"又问："凡运用处是心否？"曰："是意也。"棣问："意是心之所发否？"曰："有心而后有意。"又问："孟子言心'出入无时，'，如何？"曰："心本无出入，孟子只是据操舍言之。"伯温又问："人有逐物，是心逐之否？"曰："心则无出入矣，逐物是欲。"（《河南程氏遗书》卷二十二上，第296—297页。）

# 周行己

周行己（1067—1125），字恭叔，世称浮沚先生。祖籍瑞安县芳山乡文周湾（今属浙江省温州市瑞安市湖岭镇）。周行己自幼好读书，七岁诵经书，十余岁学属文。少年时与同里许景衡等私淑林石。十四岁其家迁往郡城永嘉。十五岁随父宦游京师。元丰六年（1083年）时年十七岁补太学诸生。从学于陆佃、龚原等，研习"新学"。元祐二年（1087年）改从太学博士吕大临探究"关学"。元祐五年（1090年），荆公之学方盛，赴洛阳师从程颐受学，"持身艰苦，块然一室，未尝窥牖"①，受到伊川赞扬，遂成为程门著名弟子。元祐六年（1091年）赴试汴京，登进士第。绍圣四年（1097年）冬去洛中自行谋职，在水南籴场监当官，绍圣五年（1098年）改在酒务监当官。后历任太学博士、温州教授、齐州教授、秘书省正字等职，后因"师事程氏"被罢职归乡，最后病死山东郓州。周行己在程门中名声不甚好，因为狎妓，受同门诟病，程颐批道："此安得不害义！父母之体，而以偶贱娼乎！"②谢良佐说："恭叔不是摆脱不开，只为立不住，便放倒耳"③，胡安国说："恭叔才识高明，只缘累太重。若把得定，便长进矣。"④朱子也认为其"学问靠不得"，从其同门及后学的评价中，可见学者因其狎妓，对其从人品到学问全盘否定。对此，黄宗羲予以反驳："然观其晚年所造，似已为不远之复，未可以以此一节抹杀之。"⑤周行己的著作甚多，今人周梦江辑校为《周行己集》。对于其学派源流，黄宗羲论道："永嘉诸先生从伊川者，其学多无传，独先生尚有绪言。南渡之后郑景望私淑之，遂

---

① 《周许诸儒学案》，见〔清〕黄宗羲、全祖望：《宋元学案》，陈金生、梁运华点校，北京：中华书局1986年版，第1131页。

② 《周许诸儒学案》，见〔清〕黄宗羲、全祖望：《宋元学案》，陈金生、梁运华点校，北京：中华书局1986年版，第1132页。

③ 《周许诸儒学案》，见〔清〕黄宗羲、全祖望：《宋元学案》，陈金生、梁运华点校，北京：中华书局1986年版，第1132页。

④ 《周许诸儒学案》，见〔清〕黄宗羲、全祖望：《宋元学案》，陈金生、梁运华点校，北京：中华书局1986年版，第1132页。

⑤ 《周许诸儒学案》，见〔清〕黄宗羲、全祖望：《宋元学案》，陈金生、梁运华点校，北京：中华书局1986年版，第1132页。

以重光，故水心谓永嘉之学舰千载之已绝退，而自求克兢省以御物欲者，周作于前，郑承于后，然则先生之功不可没也"①，如永嘉学派之集大成者叶适说："昔周恭叔首闻程（颐）、吕（大临）氏微言，始放新经，黜旧疏，挚其俦伦，退而自求，视千载之已绝，俨然如醉忽醒、梦方觉也。颇益衰歇，而郑景望（伯熊）出，明见天理，神畅气怡，笃信固守，言与行应，而后知今人之心可即于古人之心矣。故永嘉之学，必兢省以御物欲者，周作于前而郑承于后也。"②林景熙说："永嘉自许少伊右丞、周恭叔太傅、刘元承给事受业程门为最先一辈，而义理之学始于此矣。"③这是对周行己在传承永嘉之学贡献的肯定，认为在"太学九先生"中，惟周行己学有所承，经郑伯熊、叶适的传承而得以光大。

周行己作为前期永嘉学派的代表人物，其思想还没有完全转为事功学派，初创期的永嘉学派所思所议的中心仍然是义理或心性之学，到后期才转为见"用"而不见"体"的事功之学。周行己接续二程所注重的心性之学，并多有阐发，他说："性之不明，心之不存，则在我者与天不相似，故有长傲以悖天德，从欲以丧天性，所见者小，则其志易满，天道亏矣。所慕者外，则其乐易极，天理灭矣。"④ 在此，周行己认为若"性之不明，心之不存"则会丧失人的天性，以至于悖乱天德，周行己此意实是对孟子的话的诠释，他的诠释彰显了心、性的重要性，也就是说，对于心、性的界限和差异需要厘清和明晰，方能天理大化流行无碍。对于工夫论，周行己亦秉承程颐所主张的"主敬"工夫，他说：

---

① 《周许诸儒学案》，见〔清〕黄宗羲、全祖望：《宋元学案》，陈金生、梁运华点校，北京：中华书局1986年版，第1132页。

② 〔南宋〕叶适：《温州新修学记》，载《水心文集》卷十，见〔南宋〕叶适：《叶适集》，刘公纯、王孝鱼、李哲夫点校，北京：中华书局1961年版，第178页。

③ 林景熙（1242—1310），字德旸，一作德阳，号霁山。浙江温州人。（〔元〕林景熙：《二薛先生文集序》，见〔元〕林景熙：《霁山集》，北京：中华书局1960年版，第81页。）

④ 〔北宋〕周行己：《周行己集》，周梦江笺校，上海：上海社会科学院出版社2002年版，第25页。

"盖敬者,君子修身之道也。所以闲邪而存其诚者也,敬斯定,定斯正,正者,德之基也。慢斯怠,怠斯邪,邪者,德之贼也。古之人相在尔室不愧屋漏,出门如见大宾,使民如承大祭,何所不用其敬哉。自天子达于庶人,自修身至于为天下,莫不一于是,故敬则无敢慢,无敢慢则民莫不爱矣,俨则人望而畏之,人望而畏之,则民莫不敬矣。"① 他认为"敬"是君子的修身之道,是"闲邪存其诚"的路径,通过"敬"才能"定",也就是不走作,往前推,不走作才能正,而这是立德的根本。且"敬"是从天子至庶人所应持的修养之道,是为善的根本,入德的关键。

**附:《二程集》所见答问**

(1) 子谓周行己曰:"今之进学者如登山。方于平易,皆能阔步而进,一遇峻险,则止矣。"(《程氏粹言》卷一,第1189页。)

(2) 周恭叔(行己)自太学早年登科,未三十,见伊川,持身严苦,块坐一室,未尝窥牖。幼议母党之女,登科后其女双瞽,遂娶焉,爱过常人。伊川曰:"某未三十时,亦做不得此事。然其进锐者其退速。"每叹惜之。周以官事求来洛中,监水南籴场,以就伊川。会伊川有涪陵行。后数年,周以酒席有所属意,既而密告人曰:"勿令尹彦明知。"又曰:"知又何妨,此不害义理。"伊川归洛,先生以是告之。伊川曰:"此禽兽不若也,岂得不害义理(又曰:'以父母遗体偶倡贱,其可乎?')。"(《河南程氏外书》卷十二,第434页。)

(3) 程子葬父,使周恭叔主客。客欲酒,恭叔以告,先生曰:"勿陷人于恶。"风竹便是感应无心。如人怒我,勿留胸中,须如风动竹。(《河南程氏外书》卷七,第393页。)

---

① 〔北宋〕周行己:《周行己集》,周梦江笺校,上海:上海社会科学院出版社2002年版,第23页。

## 周 纶

周纶,生卒年、学行均不详。《宋元学案补遗》记载:"先生之为程氏门人,见解缮《春雨堂集》,特未详其事实耳。"①

## 朱 定

朱定,生卒年不详,熙宁六年(1073年)进士,浙江丽水人。曾作《春秋索引》五卷。《二程集》曾记载程颐对其为人为学的评价:"昔有朱定,亦尝来问学,但非信道笃者。曾在泗州守官,值城中火,定遂使兵士舁僧伽避火;某后语定曰:'何不舁僧伽在火中?若为火所焚,则是无灵验。遂可解天下之惑。若火遂灭,因使天下尊敬可也。此时不做事,待何时邪?'惜乎定识不至此。"②

附:《二程集》所见答问

昔有朱定,亦尝来问学,但非信道笃者。曾在泗州守官,值城中火,定遂使兵士舁僧伽避火;某后语定曰:"何不舁僧伽在火中?若为火所焚,则是无灵验。遂可解天下之惑。若火遂灭,因使天下尊敬可也。此时不做事,待何时邪?惜乎定识不至此。"(《河南程氏遗书》卷

---

① 〔清〕冯云濠、王梓材:《宋元学案补遗》,杨世文、舒大刚等点校,北京:人民出版社2012年版,第1198页。
② 〔北宋〕程颢、程颐:《河南程氏遗书》卷二十二上,见〔北宋〕程颢、程颐:《二程集》,王孝鱼点校,北京:中华书局1981年版,第288页。

二十二上，第288页。）

# 朱光庭

朱光庭（1037－1094），字公掞，河南偃师人。朱景之子，北宋哲学家程颢的门人。十岁能写文章。嘉祐二年（1057年）登进士第，初授万年县主簿，历任修武、垣曲县令、左正言、左司谏，终集贤院学士、知潞州。时人称"明镜"。哲宗时，司马光荐为左正言，乞罢青苗法。光庭先学于孙复，研习《春秋》，再拜师胡瑗，瑗告以为学之本在于忠信，故终身行之。后来又拜师二程，与同门贾易成为当时的洛党领袖。洛党式微之后，改入朔党，即司马光之列。朱光庭的先后易师，在当时的转学多师的社会风气中是被允许的，显示出北宋较为开放自由的学术风气。后因发生旱灾，跪求祈雨，长跪而死，终年五十八岁。党禁事件发生后，入党籍碑，追贬为柳州别驾，其子亦遭受连累。著作大多不存，《全宋诗》《全宋文》存有其部分诗篇和文章。范祖禹为其作有《墓志铭》。需要特别指出的是，"如坐春风"一词与朱光庭有很大关系，他在汝州聆听程颢讲学，如痴如狂，听了一个多月才回家，回家逢人便夸程颢讲学的精妙，他说："光庭在春风中坐了一月。"① 朱光庭曾评价程颢说："先生（程颢）之学，以诚为本。仰观乎天，清明穹窿，日月之运行，阴阳之变化，所以然者，诚而已。"② 评程颐道："道德纯备，学问渊博，有经天纬地之才，有制礼作乐之具，实天民之先觉，圣代之

---

① 〔南宋〕朱熹：《伊洛渊源录》卷四，见朱杰人、严佐之、刘永翔主编：《朱子全书（第12册）》，上海、合肥：上海古籍出版社、安徽教育出版社2010年版，第971页。
② 〔北宋〕程颢、程颐：《河南程氏遗书》附录，见〔北宋〕程颢、程颐：《二程集》，王孝鱼点校，北京：中华书局1981年版，第331页。

真儒也。"① 三苏之一的苏辙曾上《劾朱光庭札子》，称朱光庭"智昏才短，心狠胆薄，不学无术，妒贤害能，本事程颐，听颐驱使，方为谏官，颐之所恶，光庭明为击之……人物鄙下，实污流品"②。

**附：《二程集》所录答问及事迹**

（1）公掞昨在洛有书室，两旁各一牖，牖各三十六隔，一书天道之要，一书仁义之道，中以一榜书"毋不敬，思无邪"，中处之，此意亦好。（《河南程氏遗书》卷二上，第35页。）

（2）朱公掞以谏官召过洛，见伊川，显道在坐，公掞不语。伊川指显道谓之曰："此人为切问近思之学。"（《河南程氏外书》卷十一，第412页。）

（3）朱公掞为御史，端笏正立，严毅不可犯，班列肃然。苏子瞻语人曰："何时打破这敬字。"（《河南程氏外书》卷十一，第414页。）

（4）朱公掞来见明道于汝，归谓人曰："光庭在春风中坐了一个月。"（《河南程氏外书》卷十二，第429页。）

（5）朱光庭问："周公仰而思之者，其果有所合乎？"子曰："周公固无不合者矣。如其有之，则必若是其勤劳而不敢已也。"（《程氏粹言》卷二，第1233页。）

（6）沛国朱光庭曰："呜呼！道之不明不行也久矣。自子思笔之于书，其后孟轲倡之。轲死而不得其传，退之之言信矣。大抵先生之学，以诚为本。仰观乎天，清明穹窿，日月之运行，阴阳之变化，所以然者，诚而已。俯察乎地，广博持载，山川之融结，草木之蕃殖，所以然

---

① 〔北宋〕程颢、程颐：《河南程氏遗书》附录，见〔北宋〕程颢、程颐：《二程集》，王孝鱼点校，北京：中华书局1981年版，第339页。

② 郭预衡、郭英德主编：《唐宋八大家散文总集》，石家庄：河北人民出版社2013年版，第7242页。

者,诚而已。人居天地之中,参合无闲,纯亦不已者,其在兹乎!盖诚者天德也。圣人自诚而明,其静也渊停,其动也神速,天地之所以位,万物之所以育,何莫由斯道也?"(《河南程氏遗书》附录,第331页。)

(7)《祭朱公掞文》

呜呼!道既不明,世罕信者。不信则不求,不求则何得,斯道之所以久不明也。自予兄弟倡学之初,众方惊异,君时甚少,独信不疑,非夫豪杰特立之士能如是乎?笃学力行,至于没齿。志不渝于金石,行可质于神明,在邦在家,临民临事,造次动静,一由至诚。上论古人,岂易其比,謇謇王臣之节,凛凛循吏之风,着见事为,皆可纪述,谓当大施于时,必得其寿,天胡难忱,遽止于此。呜呼,哀哉!不幸七八年之间,同志共学之人,相继而逝,刘质夫、李端伯、吕与叔、范巽之、杨应之相继而逝也。今君复往,使予踽踽于世,忧道学之寡助,则予之哭君,岂特交朋之情而已。邙山之阳,归祔先宅,思平生之深契,痛音容之永隔,陈薄奠以将诚庶英灵兮来格。(《二程文集》卷十一,第644页。)

(8)朱光庭问为善之要。子曰:"孜孜而为之者,当其接物之际也,未与物接则敬而已,自敬而动,所谓为善也。"(《程氏粹言》卷一,第1192—1193页。)

(9)先生离京,曾面言,令光庭说与淳夫,为资善堂见畜小鱼,恐近冬难畜,托淳夫取来,投之河中。数次朝中不遇,故因循至此,专奉手启,幸便为之。(《河南程氏外书》卷十二,第422页。)

(10)异时,伊川同朱公掞访先君,先君留之饮酒,因以论道。伊川指面前食卓曰:"此卓安在地上,不知天地是安在甚处?先君为之极论天地万物之理,以及六合之外。"伊川叹曰:"平生惟见周茂叔论至此,然不及先生之有条理也。"(《二程文集》遗文,第674页。)

# 参考文献

## 一、典籍

陈邦瞻：《宋史纪事本末》，北京：中华书局1977年版。

陈淳：《北溪字义》，熊国祯、高流水点校，北京：中华书局1983年版。

陈亮：《陈亮集》，邓广铭点校，北京：中华书局1987年版。

程颢、程颐：《二程集》，王孝鱼点校，北京：中华书局1981年版。

程水龙：《近思录集校集注集评》，上海：上海古籍出版社2012年版。

池纯生：《伊川先生年谱》，咸丰五年刻本。

方闻一：《大易粹言》，见《影印文渊阁四库全书（第15册）》，台北：台湾商务印书馆1986年版。

冯云濠、王梓材：《宋元学案补遗》，杨世文、舒大刚等点校，北京：人民出版社2012年版。

郭雍：《郭氏传家易说》，见《影印文渊阁四库全书（第13册）》，台北：台湾商务印书馆1986年版。

郝经：《陵川文集》，秦雪清点校，太原：山西古籍出版社 2006 年版。

胡安国：《春秋传》，王丽梅点校，长沙：岳麓书社 2011 年版。

胡宏：《胡宏著作两种》，王立新点校，长沙：岳麓书社 2008 年版。

胡寅：《斐然集》，尹文汉点校，长沙：岳麓书社 2009 年版。

黄震：《黄氏日抄》，见《影印文渊阁四库全书（第 707—708 册）》，北京：商务印书馆 2005 年版。

黄宗羲、全祖望：《宋元学案》，陈金生、梁运华点校，北京：中华书局 1986 年版。

黄宗羲：《黄宗羲全集》，吴光主编，杭州：浙江古籍出版社 2012 年版。

黄宗羲：《明儒学案》，沈芝盈点校，北京：中华书局 1985 年版。

黎立武：《大学发微》，见《影印文津阁四库全书（第 200 册）》，台北：台湾商务印书馆 1986 年版。

李慈铭：《越缦堂读书记》，由云龙辑，中华书局 1963 年版。

李侗：《李延平集》，见《影印文渊阁四库全书（第 1135 册）》，台北：台湾商务印书馆 1986 年版。

李心传：《建炎以来系年要录》，辛更儒点校，北京：中华书局 2013 年版。

刘安节：《刘安节集》，陈光熙点校，上海：上海社会科学院出版社 2006 年版。

刘安上：《刘安上集》，陈光熙点校，上海：上海社会科学院出版社 2006 年版。

陆九渊：《陆九渊集》，钟哲点校，北京：中华书局 1980 年版。

陆游：《渭南文集》，北京：中华书局 1976 年版。

罗从彦：《豫章文集》，见《影印文渊阁四库全书（第 1135 册）》，台北：台湾商务印书馆 1986 年版。

吕大临：《蓝田吕氏遗著辑校》，陈俊民辑校，北京：中华书局 1993 年版。

马端临：《文献通考》，北京：中华书局 1986 年版。

邵伯温著：《邵氏闻见录》，康震校，西安：三秦出版社 2005 年版。

施彦执：《北窗炙輠录》，见山右历史文化研究院编：《山右丛书·初编（第 11 册）》，上海：上海古籍出版社 2011 年版。

孙衣言：《瓯海轶闻》，上海：上海社会科学院出版社 2005 年版。

脱脱等，《宋史》，刘浦江标点，吉林人民出版社 1995 年版。

万斯同：《儒林宗派》，见《影印文渊阁四库全书（第 458 册）》，北京：商务印书馆 2005 年版。

汪应辰：《文定集》，上海：学林出版社 2009 年版。

王夫之：《宋论》，舒士彦点校，北京：中华书局 2011 年版。

王苹：《王著作集》，见《影印文津阁四库全书（第 379 册）》，北京：商务印书馆 2005 年版。

谢良佐：《上蔡语录》，见朱杰人、严佐之、刘永翔主编：《朱子全书外编（第 3 册）》，上海：华东师范大学出版社 2010 年版。

许景衡：《许景衡集》，陈光熙点校，上海：上海社会科学院出版社 2006 年版。

薛季宣：《浪语集》，见四川大学古籍所编：《宋集珍本丛刊（第 61 册）》，北京：线装书局 2004 年版。

杨时：《龟山集》，见《影印文渊阁四库全书（第 1125 册）》，台北：台湾商务印书馆 1986 年版。

杨仲良：《皇宋通鉴长编纪事本末》，李之亮校点，哈尔滨：黑龙江人民出版社 2006 年版。

姚名达：《程伊川年谱》，北京：知识产权出版社 2013 年版。

叶适：《习学记言序目》，北京：中华书局2009年版。

尹焞：《和靖集》，见《影印文津阁四库全书（第379册）》，北京：商务印书馆2005年版。

游酢：《游酢文集》，福建省姓氏源流研究会游氏分会编校，延吉：延边大学出版社1998年版。

曾枣庄、刘琳编：《全宋文》，上海、合肥：上海辞书出版社、安徽教育出版社2006年版。

曾枣庄主编：《宋代序跋全编》，济南：齐鲁书社2015年版。

张九成：《横浦集》，见《影印文渊阁四库全书（第1138册）》，台北：台湾商务印书馆1986年版。

张九成：《孟子传》，长春：吉林出版集团有限责任公司2005年版。

张浚：《紫岩易传》，见《影印文渊阁四库全书（第10册）》，台北：台湾商务印书馆1986年版。

张载：《张载集》，章锡琛点校，北京：中华书局1978年版。

赵汝愚编：《宋朝诸臣奏议》，上海：上海古籍出版社1999年版。

郑伯熊、郑伯谦：《二郑集》，周梦江校注，上海：上海社会科学院出版社2006年版。

周行己：《周行己集》，周梦江笺校，上海：上海社会科学院出版社2002年版。

朱杰人、严佐之、刘永翔主编：《朱子全书（第1—27册）》，上海、合肥：上海古籍出版社、安徽教育出版社2010年版。

朱易安、傅璇琮等：《全宋笔记（1—8册）》，郑州：大象出版社2003—2017年版。

## 二、专著

蔡仁厚：《宋明理学·北宋篇》，长春：吉林出版集团 2009 年版。

蔡仁厚：《宋明理学·南宋篇》，长春：吉林出版集团 2009 年版。

陈谷嘉、朱汉民：《湖湘学派源流》，长沙：湖南教育出版社 1992 年版。

陈来：《仁学本体论》，北京：生活·读书·新知三联书店 2014 年版。

陈来：《宋明理学》，上海：华东师范大学出版社 2004 年版。

陈来：《朱子哲学研究》，上海：华东师范大学出版社 2000 年版。

陈来主编：《早期道学话语系统的形成与演变》，合肥：安徽教育出版社 2007 年版。

陈荣捷：《宋明理学之概念与历史》，台北："中央研究院"中国文哲研究所筹备处 1996 年版。

陈荣捷：《朱子门人》，上海：华东师范大学出版社 2007 年版。

陈钟凡：《两宋思想述评》，北京：东方出版社 1996 年版。

程膺、张红均：《二程故里志》，开封：河南大学出版社 1992 年。

范立本：《明心宝鉴》，北京：东方出版社 2014 年版。

傅小凡：《宋明道学新论》，北京：社科文献出版社 2005 年版。

葛瑞汉：《二程兄弟的新儒学》，程德祥等译，郑州：大象出版社 2000 年版。

关长龙：《两宋道学命运的历史考察》，上海：学林出版社 2001 年版。

郭预衡，郭英德主编：《唐宋八大家散文总集》，石家庄：河北人民出版社年版。

何俊：《南宋儒学建构》，上海：上海古籍出版社2004年版。

姜海军：《二程经学研究》，北京：北京师范大学出版社2016年版。

李裕民：《宋人生卒行年考》，北京：中华书局2010年版。

刘京菊：《承洛启闽：道南学派思想研究》，北京，人民出版社2007年版。

卢国龙：《宋儒微言》，北京：华夏出版社2001年版。

陆敏珍：《宋代永嘉学派的建构》，杭州：浙江大学出版社2013年版。

蒙培元：《理学范畴系统》，北京：人民出版社1989年版。

庞万里：《二程哲学体系》，北京：北京航空航天大学出版社1992年版。

庞万里：《二程哲学体系》，北京：北京航空航天大学出版社1992年版。

彭耀光：《二程道学异同研究》，济南：山东人民出版社2016年版。

漆侠：《宋学的发展和演变》，石家庄：河北人民出版社2002年版。

漆侠：《宋学的发展和演变》，石家庄：河北人民出版社2011年版。

钱穆：《宋明理学概述》，北京：九州出版社2010年版。

钱穆：《朱子新学案》，北京：九州出版社2011年版。

沈松勤：《南宋文人与党争》，北京：人民出版社2005年版。

束景南：《朱子大传》，北京：商务印书馆2003年版。

田浩主编：《宋代思想史论》，北京：社会科学文献出版社2003年版。

王立新：《开创时期的湖湘学派》，长沙：岳麓书社2003年版。

王巧生：《二程弟子心性论研究》，武汉：湖北人民出版社2016年版。

温伟耀：《成圣之道——北宋二程修养工夫论之研究》，开封：河南大学出版社，2004 年版。

吴国武：《两宋经学学术编年》，南京：凤凰出版社 2015 年版。

徐洪兴：《思想的转型——理学发生过程研究》，上海：上海人民出版社 1996 年版。

徐远和：《洛学源流》，济南：齐鲁书社 1987 年版。

曾亦、郭晓东：《宋明理学》，南京：南京大学出版社 2009 年版。

曾亦：《本体与工夫——湖湘学派研究》，上海：上海人民出版社 2007 年版。

张立文：《宋明理学研究》，北京：人民出版社 2002 年版。

张永儁：《二程学管见》，台北：东大图书公司 1988 年版。

赵伟：《陆九渊门人》，北京：中国社会科学出版社 2009 年版。

朱汉民：《湖湘学派史论》，长沙：湖南大学出版社 2004 年版。

# 三、期刊论文

陈代湘、蒋菲：《湖湘学派与江西学派的融通与差异》，载《湘潭大学学报（哲学社会科学版）》，2017 年第 1 期，第 133—137 页。

陈光熙：《许景衡的文集及佚作》，载《古籍整理研究学刊》，2008 年第 1 期，第 32—35 页。

崔大华：《张九成的理学思想及其时代影响》，载《浙江学刊》，1983 年第 3 期，第 86—91 页。

胡昭曦：《宋代蜀学转型的再探讨》，载《湖南大学学报（社会科学版）》，2015 年第 6 期，第 10—15 页。

乐爱国：《唐君毅、牟宗三、钱穆对朱熹仁学的不同诠释》，载《东岳论丛》，2016 年第 8 期，第 106—111 页。

黎昕：《杨时"理一分殊"说的特色及其对朱熹的影响》，载《福建论坛》，1986 年第 2 期，第 49—53 页。

李祝舜：《李侗及其哲学思想初探》，载《中州学刊》，1987 年第 3 期，第 53—55 页。

梁涛：《北宋新学、蜀学派融合儒道的"内圣外王"概念》，载《文史哲》，2017 年第 2 期，第 20—30、164 页。

刘京菊：《杨时"中"论发微》，载《中国哲学史》，2015 年第 1 期，第 76—82 页。

刘玲娣：《试论胡安国两宋之际的政治、学术活动》，载《华中师范大学学报（人文社会科学版）》，2002 年第 3 期，第 81—86 页。

刘学智：《关学"洛学化"辨析》，载《中国哲学史》，2016 年第 3 期，第 62—69 页。

刘玉敏：《即本体即工夫：张九成对〈中庸〉的解读》，载《中州学刊》，2011 年第 5 期，第 168—172 页。

刘玉敏：《论张九成"仁即是觉，觉即是心"的思想及其意义》，载《孔子研究》，2007 年第 2 期，第 86—93 页。

刘玉敏：《心学的肇始——张九成的哲学逻辑结构》，载《孔子研究》，2010 年第 2 期，第 13—18 页。

卢连章：《论洛学在南方的传承》，载《中州学刊》，2004 年第 5 期，第 142—145 页。

陆敏珍：《被拒绝的洛学门人：周行己及其思想》，载《中国哲学史》，2010 年第 3 期，第 77—85 页。

孙以楷、解光宇：《道学南传：游定夫的学术命运》，载《安徽史学》，2004 年第 2 期，第 49—51 页。

唐明贵：《杨时〈论语解〉探微》，载《西南民族大学学报》，2016

年第 5 期，第 71—75 页。

王雷松：《胡安国〈春秋传〉理欲观研究》，载《郑州轻工业学院学报（社会科学版）》，2010 年第 3 期，第 59—61 页。

王立新：《胡安国与程门弟子》，载《湘潭大学学报（哲学社会科学版）》，2004 第 1 期，第 38—43 页。

王治伟、朱人求：《杨时道德修养观探微》，载《学习与实践》，2011 年第 4 期，第 136—140 页。

向世陵：《程学传承与道南学派》，载《社会科学战线》，2005 年第 2 期，第 30—36 页。

向世陵：《性学传承与胡张之间》，载《求索》，1999 年第 5 期，第 77—82 页。

肖永明、申蔚竹：《南宋湖湘学派对周敦颐的推崇及其思想动因》，载《湖南社会科学》，2016 年第 2 期，第 164—168 页。

徐建勇：《胡安国〈春秋传〉的理学特征》，载《史学月刊》，2011 年第 5 期，第 110—120 页。

徐建勇：《论胡安国〈春秋传〉的理学思想》，载《船山学刊》，2011 第 1 期，第 75—78 页。

张京华：《潇湘之畔的儒家：邢恕与理学》，载《湖南科技大学学报（社会科学版）》，2007 年第 3 期，第 82—86 页。

张立文：《湖湘学的奠基者——胡寅和胡宏》，载《船山学刊》，2012 年第 1 期，第 1—8 页。

张立文：《论罗从彦的内圣外王之道》，载《孔子研究》，2006 年第 5 期，第 4—11 页。

张品端：《早期闽中理学及其理论特征》，载《哲学动态》，2011 年第 3 期，第 55—60 页。

郑熊：《工夫消解本体——张九成的〈中庸〉研究》，载《中州学刊》，2010年第3期，第157—160页。

钟彩钧：《二程心性说析论》，载《中国文哲研究集刊》，1991年第1期，第413—450页。

周梦江：《论周行己》，载《杭州师范学院学报（社会科学版）》，2003年第3期，第95—99页。

朱汉民：《宋儒新仁学的建构》，载《求索》，2017年第8期，第35—43页。

朱修春、林凤珍：《杨时的"理一分殊"学说发微》，载《南昌大学学报（人文社会科学版）》，2005第2期，第31—34页。

朱雪芳：《道南一脉——从杨时到李侗》，载《船山学刊》，2007年第2期，第116—118页。

## 四、学位论文

陈利娟：《谢良佐哲学思想研究》，南昌大学硕士学位论文，2010年。

邓庆平：《朱子门人研究》，中国人民大学博士学位论文，2011年。

敦鹏：《二程政治哲学研究》，河北大学博士学位论文，2013年。

李永富：《易学视野下的二程理学建构》，山东大学博士学位论文，2017年。

申绪璐：《两宋之际道学思潮研究：以杨时为中心》，复旦大学博士学位论文，2011年。

王光红：《谢良佐仁学思想研究》，湘潭大学硕士学位论文，2008年。

王鹏飞：《尹焞〈和靖集〉研究》，河南大学硕士学位论文，

2019 年。

谢寒枫:《程颢哲学研究》,中国社会科学院研究生院博士学位论文,2002 年。

杨星:《朱子闽学思想渊源与传播研究》,华东师范大学博士学位论文,2007 年。

张晓波:《二程之学在近现代中国》,山东师范大学硕士学位论文,2011 年。

赵晓阳:《游酢哲学思想研究》,南昌大学硕士学位论文,2010 年。

周杨波:《杨时哲学思想研究》,南昌大学硕士学位论文,2010 年。

# 附　录

## 附录一　《伊洛渊源录》所列二程门人

吕希哲、范祖禹、杨国宝、朱光庭、苏昞、谢良佐、游酢、杨时、杨迪、吕大忠、吕大钧、吕大临、刘绚、李吁、尹焞、张绎、刘安节、马伸、侯仲良、王苹、王岩叟、刘立之、林大节、张闳中、冯、理、鲍若雨、周孚先、周恭先、唐棣、谢天申、潘曼、陈经正、陈经邦、李处遯、孟厚、范文甫、畅中伯、李朴、畅大隐、郭忠孝、周行己、邢恕

## 附录二　《王著作集》所列二程门人

### 1. 程颢门人

谢显道、游定夫、刘质夫、李端伯、吕与叔、苏李明、王信伯、胡康侯、王彦明、林大节、刘安礼、季先之、周恭叔、朱子发、陈贵一、陈经邦、陈贵叙、邢和叔、冯圣先、唐彦思、李嘉仲、邵伯温、潘子

文、范叔器、谢天申、范文甫、畅中伯、许景衡、刘安世、吴给

### 2. 程颐门人

张思叔、畅悦道、吕原明、范湆父、谢显道、刘质夫、李端伯、吕进伯、尹和静、苏季明、马时中、侯仲良、杨中立、王信伯、胡康侯、王彦霖、刘安礼、林大节、周伯忱、周恭先、周伯温、孟敦夫、李先之、周恭叔、郭立之、杨潜道、朱子发、谯梦授、赵承议、鲍商霖、陈贵一、陈经邦、陈贵叙、邢和叔、冯圣先、唐彦思、邵伯温、张闳中、游定夫、谢用休、潘子文、范文甫、畅中伯、许景衡、刘安世、朱公掞、吕与叔、李嘉仲、马伸、吴给

# 附录三 《宋元学案》所列二程门人

### 1. 程颢门人

刘绚、李吁、谢良佐、杨时、游酢、吕大忠、吕大钧、吕大临、侯仲良、刘立之、朱光庭、田述古、邵伯温、苏昞、邢恕

### 2. 程颐门人

刘绚、李吁、吕希哲、谢良佐、杨时、游酢、吕大忠、吕大钧、吕大临、尹焞、郭忠孝、王苹、周行己、许景衡、田述古、邵伯温、李朴、范冲、苏昞、杨国宝、萧楚、陈渊、罗从彦、杨迪、吕义山、张绎、马伸、吴给、周孚先、周恭先、晏敦复、袁溉、焦瑗、周纯明、孟厚、冯理、范棫、谢湜、李参、谯定、翟霖、赵彦道、唐棣、畅大隐、范文甫、畅中伯、李处遯、林大节、李处廉、陈经正、刘安礼、刘安

世、刘安节、张闳中、邵溥、鲍若雨

## 附录四 《儒林宗派》所列二程门人

张绎、刘绚、李吁、吕大忠、吕大钧、吕大临、吕希哲、苏昞、杨国宝、潘旻安、陈经正、陈经邦、周孚先、周恭先、畅大隐、畅中伯、谢天申、杨迪、朱光庭、王岩叟、王蘋、李朴、孟厚、唐棣、刘立之、范文甫、林大节、张闳中、冯理、李处遯、刘安节、刘安上、鲍若雨、贾易、范冲、晏敦复、许景衡、吴给、邹柄、时紫芝、谢佃、沈躬行、陈经郭、陈经德、赵彦道、赵孝孙、罗从彦、李参、范棫、邵溥、练绘、张杲

## 附录五 《程伊川年谱》所列二程门人

周行己、吕大钧、吕大忠、林大节、吕希哲、杨时、游酢、刘绚、李吁、周孚先、孟厚、吕切问、吕大临、吕义山、沈躬行、李参、李处遯、邢恕、林志宁、邵伯温、周恭先、周纯明、吴给、胡安国、尹焞、王蘋、王岩叟、方元寀、田述古、吕希纯、朱光庭、张绎、李朴、邵溥、范棫、范祖禹、范文甫、范季平、范冲、马伸、许景衡、高朝奉、晏敦复、侯仲良、唐棣、张闳中、张绎、袁溉、陈瓘、张育、陈渊、陈经正、陈经邦、陈经德、陈经郭、冯理、郭忠孝、焦瑗、杨安止、杨迪、杨国宝、靳裁之、刘安节、刘立之、刘安上、刘子羽、潘闳旻、翟霖、赵彦道、赵霄、畅大隐、畅中伯、鲍若雨、谢湜、谢良佐、谢天申、谯定、萧楚、罗从彦、苏昞

# 附录六 《伊川书院》所列二程门人

**东庑房**

吕中坚、张天祺、陈经正、周行己、侯忠良、潘子文、谢天申、周伯温、吕大钧、朱之发、谯定、林志宁、赵永议、畅悦道、吕大忠、邢明叔、林大节、吕希哲、胡安国、谢良佐、贾易、杨时、游酢、刘绚、李吁、邹浩、周孚先、马伸、吴给、戴述、邵伯温、刘安礼、刘安世、刘安节、刘安正、畅大隐、许景衡、杜孝锡、畅中伯、胡宿、孟厚、晁明道、邢恕、陈恬、莫茯

**西庑房**

王苹、王岩叟、范叔器、杨国宝、李茹仲、郭忠孝、李舜举、田明之、范祖禹、张闳中、郭立之、杨遵道、范文甫、陈经邦、郭冲晦、吕本中、吕大临、冯忠恕、朱光庭、尹焞、张绎、李朴、邵溥、祁宽、谢湜、范育、苏炳、周宪、郭雍、唐棣、冯理、鲍若雨、王彦霖、王铨期、王得臣、范季平、鲜于侁、李宏、范棫、黄熬、朱定、吴绳、刘器、薛季宣、范致虚、刘立之、韩持国

# 附录七 二程门人师事年考

根据黄宗羲、全祖望的《宋元学案》，姚明达的《程伊川年谱》，池生春的《伊川先生年谱》和《明道先生年谱》，程颢、程颐的《二程

集》，朱子的《伊洛渊源录》等史料，整理弟子从学顺序，并以此为据，考察弟子在不同的从学阶段所记述的二程语录，从而折射二程思想的前后变化。主要弟子从学顺序如下。

嘉祐（1056—1063 年），治平（1063—1067 年），熙宁（1068—1077 年），元丰（1078—1085 年），元祐（1086—1094 年），绍圣（1094—1098 年），元符（1098—1100 年），建中靖国（1101 年年），崇宁（1102—1106 年）。

### 1. 师从程颐

嘉祐元年（1056 年）：吕希哲

吕希哲之后：杨国宝、邢恕、吕希纯

嘉祐年间：郭忠孝

治平初：谢湜师事程颐

元丰二年（1079 年）：吕大临、吕大忠、吕大钧

元丰六年（1083 年）：侯仲良

元祐五年（1090 年）：冯理、周行己、鲍若雨、刘安世、刘安节、许景衡、戴述、沈躬行

元祐六年（1091 年）：尹焞

元祐八年（1093 年）：杨时、游酢

绍圣、元符年间：杨迪

元符年间：罗从彦、谯定

元符三年（1100 年）：张绎、孟厚、范棫

建中靖国元年（1101 年）：周孚先、周恭先

崇宁元年（1102 年）：吕切问

崇宁二年（1103 年）：马伸

注：①王苹于程颐在洛讲学时前往拜访。程颐于1082 年以后开始

居正洛讲学，应在绍圣、元符年间。②吕义山，吕大钧之子，当于元丰二年后从事程颐。

### 2. 师从程颢

嘉祐初：刘立之

治平年间：郝元

熙宁年间：田述古、周纯明、邵伯温

元丰元年（1078年）：谢良佐

元丰二年（1079年）：吕大临、吕大忠、吕大钧

元丰四年（1081年）：林志宁、游酢、杨时、朱光庭、李吁

元丰五年（1082年）：刘绚

## 附录八　二程门人考证

程门弟子因史料缺失原因，真实的数目并不可知。只能依据现存史料进行相互参证，也正是因为所依据材料及选取角度不同，造成程门弟子在数目和名录上纷争不断。需要明确的是，弟子乃指受业于二程门下的亲传一代弟子，不包括再传及私淑弟子。依据《二程故里志》所记"二程门人名单碑"为93人（含私淑弟子）；《程伊川年谱》记载程门弟子87人；《伊洛渊源录》列弟子42人；《儒林宗派》列弟子52人；《宋元学案》列程门弟子86人，含私淑13人；《理学宗传》列程门弟子22人；《王著作集》列弟子58人。这些著作不仅弟子数目不同，且弟子名录亦存在较大差异，故须通过资料间的相互参证来确证弟子名单，以下就对有争议的弟子进行考证。

### （一）张戬

张戬（1030—1076），张载之季弟，为二程表叔。《二程故里志》将其列入二程弟子之内。从张戬行状及《伊洛渊源录》《关学编》等资料，张戬的确未从师二程，但与程颐确有交往。故列张戬为程门弟子的只有《二程故里志》，其依据的材料无所考证，大概是只要出现在《二程集》中的人物，《二程故里志》就列为程门弟子，从后面的几位弟子中可以看出。

### （二）朱震

朱震（1072—1138），字子发，湖北荆州人。《二程故里志》《王著作集》将朱震列为二程弟子，《宋元学案》将朱震列为二程再传，谢良佐弟子。考朱震行状及履历，以及《二程集》中，并无朱震问学二程的记载。

### （三）王得臣、胡宿

《二程故里志》将二人列为弟子。王得臣（1036－1116），北宋学者。字彦辅，自号凤台子。安州安陆（今湖北安陆）人。在《麈史》中因记载有二程事迹，《二程集》亦引用，即被列为弟子，显然不可采信。王得臣是程颐少年好友。

胡宿（995—1067），字武平，常州晋陵（今江苏常州）人。比二程年长将近四十岁，在《二程集》中有所提及，且从其生平中，没有从学二程的记录。

### （四）畅悦道

只有《王著作集》中将其列为弟子，查无资料，疑为"畅潜道"。

### (五) 郭雍、赵孝孙

郭雍（1106—1187），乃程门弟子郭忠孝之子，《二程故里志》将其列为程门弟子，从其生卒年与二程相较，自是不可能。程颢于1085年去世，程颐于1107年去世。

赵孝孙为程门弟子赵霄之子，《儒林宗派》将其列为弟子。《宋史》《苏州府志》与《宋元学案》等观点一致，皆认为其父从学伊川，而无其从学记载。据《宋史》载："同舍有赵孝孙者，洛人也，其父实师程颐。"① 郭雍与赵孝孙一样，都是父亲从程颐问学。

### (六) 薛季宣、周宪

薛季宣（1134—1173），《二程故里志》将其列为程门弟子，从其生卒年即可辨明，程颢于1085年去世，程颐于1107年去世，故薛季宣从学二程乃为误说。实际上，他是袁溉弟子，属二程再传。

周宪，字可则，永丰人氏，《二程故里志》亦将其列为程门弟子，《王著作集》将其列为王苹弟子。《宋元学案》《朱子语类》皆认为其为王苹弟子。

### (七) 李宏、黄敩、吴绳

《二程故里志》将三者列为二程弟子，资料不详，无法证明其真伪，暂存疑。

### (八) 方元寀

方元寀，字道辅，福建莆田人，与程颐同龄。《程伊川年谱》将其

---

① 〔元〕脱脱等：《宋史》，刘浦江标点，长春：吉林人民出版社1995年版，第8337页。

列为程门弟子,《宋元学案》将其归入伊川学侣,而非弟子。其父与二程之父交好,程颢曾为方父作行状。据《宋元学案》载:"先生少与伊川游,书问往来,积数十帖。……又曰'足下非混俗之流,其志道之士。'"① 从其称程颐为"足下"可知两者关系当为好友,而非师生关系。

## (九) 陈渊

陈渊(1067—1145),字知默,福建南剑州沙县人也。初名渐,字几叟。年少聪明颖悟,早有盛名,以杨时门人而闻名于世。《宋元学案》称:"龟山弟子遍天下,默堂以爱婿为首座。"② 然《宋元学案》又称其"早年从学二程,后学于龟山"③,故而将其列为程颐弟子。但遍览陈渊履历及其他史料,均无其从学二程的详细记录,据王巧生考证,全氏此说概来源于清代张伯行的《道南源委》"公初受业程门,继亦受业龟山,与罗豫章为友",但张氏此说没有依据,故而陈渊受学伊川不足信。④ 在此,笔者赞同王巧生的观点,并简单叙述陈渊履历,以观其人。绍兴五年(1135年),廖刚、朱震等向皇上荐举,奏其"有文有学,通达世务,垂老流落,负材未试"⑤,被任命为枢密院编修官,绍兴七年(1137

---

① 《伊川学案》,见〔清〕黄宗羲、全祖望:《宋元学案》,陈金生、梁运华点校,北京:中华书局1986年版,第654页。
② 《默堂学案》,见〔清〕黄宗羲、全祖望:《宋元学案》,陈金生、梁运华点校,北京:中华书局1986年版,第1264页。
③ 《默堂学案》,见〔清〕黄宗羲、全祖望:《宋元学案》,陈金生、梁运华点校,北京:中华书局1986年版,第1264页。
④ 王巧生:《二程弟子心性论研究》,武汉大学博士学位论文,2009年,第192页。
⑤ 《默堂学案》,见〔清〕黄宗羲、全祖望:《宋元学案》,陈金生、梁运华点校,北京:中华书局1986年版,第1264页。

年），高宗召对，高宗评价："渊乃杨时之婿，老成有学，可嘉也"①，赐进士出身。绍兴九年（1139年），升迁为监察御史、右正言等职，高宗对其寄予厚望，并以其叔父陈瓘为榜样，说："昔陈瓘为谏官，论国家安危治乱事，系君子小人用舍，及言蔡京等误国之罪，逮靖康之难，无一不验。今命卿以此职，注意不轻。勿坠家声，朕之所深望也"②，又说："御史陈某，老成有学，尝闻讲《论语》《中庸》，可令进用。"③ 陈渊仗义执言，以公事为重，多次就治乱之本原，学术之邪正，君子小人朋党之分，中国夷狄逆顺之理，反复上奏。后因上奏弹劾秦桧亲信郑乙年，为秦桧所恶，被罢官，贬为台州崇道观主管。四年之后，高宗起用陈渊，任命为宗正少卿兼崇政殿说书，绍兴十五年（1145年），又被秦桧罢官，不久死于忧愤之中。有《默堂集》二十二卷存世。陈渊尊信二程之学，力排王安石新学，与高宗辩论程、王学术异同，高宗曰："杨时《三经义辩》甚当理则。"对曰："杨时始宗安石，后得程颐师之，乃悟其非。"上曰："安石穿凿。"对曰："穿凿之过尚小。道之大原，安石无一不差。"上曰："差者何谓？"对曰："圣贤所传，止有《论》《孟》《中庸》。《论语》主仁，《中庸》主诚，《孟子》主性。爱特仁之一端，而安石遂以爱为仁。其言《中庸》，则谓中庸所以接人，高明所以处己。《孟子》发明性善，而安石取杨雄'善恶混'之言，至于'无善无恶'，又溺于佛，其失性远矣！"④ 陈渊与同门罗仲素友善，定交四十年，说：

---

① 《默堂学案》，见〔清〕黄宗羲、全祖望：《宋元学案》，陈金生、梁运华点校，北京：中华书局1986年版，第1264页。

② 《默堂学案》，见〔清〕黄宗羲、全祖望：《宋元学案》，陈金生、梁运华点校，北京：中华书局1986年版，第1265页。

③ 《默堂学案》，见〔清〕黄宗羲、全祖望：《宋元学案》，陈金生、梁运华点校，北京：中华书局1986年版，第1266页。

④ 《默堂学案》，见〔清〕黄宗羲、全祖望：《宋元学案》，陈金生、梁运华点校，北京：中华书局1986年版，第1264页。

"自吾交仲素,日闻所不闻。奥学清节,真南州之冠冕也!"① 但因其杂染佛氏,故全祖望评价其:"力排王氏之学,不愧于师门矣! 惜其早侍了斋,禅学深入之,而龟山亦未能免于此也,所以不得不输正统于豫章。"② 可谓至论。

## (十) 范祖禹

范祖禹(1041—1098),字淳甫(淳,或作醇、纯,甫或作父),一字梦得,四川成都华阳人,《宋史》有传。著名史学家,"三范修史"的"三范"之一。范祖禹是否能列为程门弟子,学界争议较多。朱子在《伊洛渊源录》中说:"《家传》《遗事》载其(指范祖禹)言行之懿甚详,然不云其尝受学于二先生之门也,独鲜于绰《传信录》记伊川事,而以门人称之。又其所著《论语说》《唐鉴》,议论亦多资于程氏,故今特著先生称道之语,以见梗槩,他不得而书也。"③ 而《宋元学案》则说:"范正献公之师涑水,其本集可据也。其师程氏,则出自鲜于绰之伪,《伊洛渊源录》既疑之,而又仍之,误矣。陈默堂答范益谦曰:'向所闻于龟山,乃知先给事之学与洛学同。'则其非弟子,明矣。"④《四库全书考证》亦说:"范祖禹《太史集》但于司马光称门生,其荐程子《疏》不言是师。"又陈渊《墨堂集》有答祖禹后人书云:"以某所闻于

---

① 《默堂学案》,见〔清〕黄宗羲、全祖望:《宋元学案》,陈金生、梁运华点校,北京:中华书局1986年版,第1265页。
② 《默堂学案》,见〔清〕黄宗羲、全祖望:《宋元学案》,陈金生、梁运华点校,北京:中华书局1986年版,第1264页。
③ 〔南宋〕朱熹:《伊洛渊源录》卷七,见朱杰人、严佐之、刘永翔主编:《朱子全书(第12册)》,上海、合肥:上海古籍出版社、安徽教育出版社2010年版,第1013页。
④ 《宋元学案序录》,见〔清〕黄宗羲、全祖望:《宋元学案》,陈金生、梁运华点校,北京:中华书局1986年版,第4页。

龟山，乃知先给事之学与程门无不同。"① 从上面所列材料可看，范祖禹是否能入二程门人之列是争议较多的问题，此处赞同前贤论断，不将其列为二程门人，但列其学行。范祖禹自幼失去双亲，由其叔祖范镇抚养成人，刻苦好学，早有盛名。在二十岁时，即登进士第，中进士甲科。时司马光正领命主编《资治通鉴》，司马光相中其才，召为副手，负责编修唐及五代历史，祖禹不惧艰难繁重，毅然圆满完成唐史的编纂，受到司马光的高度赞扬，他说："唐文字尤多，托范梦得将诸书依年月编次为草卷。"② 在元丰七年（1084 年）编修完成之后，时年四十四岁的范祖禹由司马光引荐，官至秘书省正字。又两年，升为右正言，再拜为右谏议大夫、给事中等。元祐七年（1092 年），任翰林学士。权臣章淳、蔡京当政，祖禹上章弹劾，皇帝不准，贬其为陕州知州。不久，谏官攻击其所编撰的《神宗实录》多有不实之处，再次被贬到永州、贺州、宾州和化州等地居住，绍圣五年（1098 年）病逝。范祖禹著《唐鉴》十二卷、《帝学》八卷、《仁宗政典》六卷、《诗解》、《古文孝经说》、《祭仪》、《三经要语》、《经书要言》、《家人卦解义》、《仁皇训典》、《范太史集》等，而《唐鉴》深明唐三百年治乱，学者尊之，尊为"唐鉴公"。正是因为范祖禹的史学成就，其曾为皇帝讲解《尚书》，受到皇帝和大臣称赞。

**附：《二程集》所见答问**

(1) 元祐中，客有见伊川者，几案间无他书，惟印行《唐鉴》一部，先生曰："近方见此书，三代以后无此议论。"（《河南程氏外书》

---

① 〔清〕王太岳等：《钦定四库全书考证》，北京：书目文献出版社 1990 年版，第 1166 页。

② 〔北宋〕司马光：《与宋次道书》，见〔北宋〕司马光编撰：《资治通鉴（第 6 册）》，邬国义校点，上海：上海古籍出版社 2017 年版，第 3701 页。

卷十二，第 443 页。)

(2) 或问乎范祖禹曰："或谓夫子有言曰：人有笃学力行而不知道者，信乎？"祖禹曰："吾尝闻之夫子，有所指而言之也。"(《河南程氏外书》卷七，第 397 页。)

(3) 成都范祖禹曰：先生为人，清明端洁，内直外方。其学，本于诚意正心，以圣贤之道可以必至，勇于力行，不为空文。其在朝廷，与道行止，主于忠信，不崇虚名。其为政，视民如子，惨怛敦爱，出于至诚，建利除害，所欲必得。故先生所至，民赖之如父母，去久，而思之不忘。先生尝言，县之政可达于天下，一邑者天下之式也。

先生以亲老，求为闲官，居洛阳殆十余年，与弟伊川先生讲学于家，化行乡党。家贫，疏食或不继，而事亲务养其志，赒赡族人必尽其力。士之从学者不绝于馆，有不远千里而至者。先生于经，不务解析为枝词，要其用在已而明于知天。其教人曰："非孔子之道，不可学也。"盖自孟子没而《中庸》之学不传，后世之士不循其本，而用心于末故，不可与入尧舜之道。先生以独智自得，去圣人千有余岁，发其关键，直睹堂奥，一天地之理，尽事物之变，故其貌肃而气和，志定而言厉，望之可畏，即之可亲，叩之者无穷，从容以应之，其出愈新，真学者之师也。成就人才，于时为多。虽久去朝廷，而人常以其出处为时之通塞。既除宗正丞，天下日望先生入朝，以为且大用。及闻其亡，上自公卿，下至闾巷士民，莫不哀之，曰时不幸也，其命矣夫！(《河南程氏遗书》附录，第 333—334 页。)

(4) 丞相久留，左右所助。一意正道者，实在原明耳。(《二程文集》遗文，第 672 页。)

## (十一) 王岩叟

王岩叟 (1044—1094)，字彦霖，以书法见长。山东临清人。王荀龙之子，嘉祐六年（1061年）应明经科，中进士，历任栾城主簿、泾州推官、安喜县知县，宋哲宗即位后，被拔擢为监察御史，上书弹劾蔡确、章惇之恶。元祐六年（1091年），拜枢密直学士，元祐七年（1092年），被御史弹劾，罢免端明殿学士，贬为郑州知州，元祐八年（1093年），再贬为河阳知府，不久去世，追赠为左正议大夫，谥号恭简。绍圣初年，又被追贬为雷州别驾。著有《易诗春秋传》《韩魏公别录》《系年录》《元祐时政记》等。王岩叟为官正直，曾多次上疏，历陈蔡确之罪，刘挚被罢相，又上疏挽救。关于王岩叟是否为程门弟子，争论不少。朱子说："《墓碑》《本传》记其行事甚详，然不及其学问源流也。惟《遗书》前篇有其答问，而其集中亦有记先生语数条，又祭明道文有'闻道于先生之语'。及伊川造朝，亦有两疏，推挽甚力，盖知尊先生者。然恐其未必在弟子之列也。"① 可以看出，朱子是否定王氏为程门弟子的。后来的《宋元学案》亦将其列为明道之同调，不入程门行列。在此，遵从朱子、《宋元学案》之论。

**附：《二程集》所见答问**

（1）王彦霖问立德进德先后。曰："此有二，有立而后进，有进而至于立。立而后进则是卓然一作立。定后有所进，立则是'三十而立'，进则是'吾见其进也'。有进而至于立，则进而至于道处也，此进是'可与适道'者也，立是'可与立'者也"。（《河南程氏遗书》卷一，第1页。）

（2）王彦霖以为：人之为善，须是他自肯为时，方有所得，亦难强。曰："此言虽是，人须是自为善，然又不可为如此却都不管他，盖有教焉。'修道之谓教'，岂可不修！"（《河南程氏遗书》卷一，第2页。）

---

① 〔南宋〕朱熹：《伊洛渊源录》卷十四，见朱杰人、严佐之、刘永翔主编：《朱子全书（第12册）》，上海、合肥：上海古籍出版社、安徽教育出版社2010年版，第1105页。

（3）王彦霖问："道者一心也，有曰'仁者不忧'，有曰'知者不惑'，有曰'勇者不惧'，何也？"曰："此只是名其德尔，其理一也。得此道而不忧者，仁者之事也；因其不忧，故曰此仁也。知、勇亦然。不成却以不忧谓之知，不惑谓之仁也？凡名其德，千百皆然，但此三者，达道之大也。"（《河南程氏遗书》卷一，第2页。）

以上是对有争议弟子的简要考证。可看出，多数错误出现在《二程故里志》上，它基本上是把出现在《二程集》里的人物都列在弟子之内，这当然有失宽泛，也不严谨。

# 附录九 《二程门人总论》
## （《朱子语类》卷一百零一）

问："程门谁真得其传？"曰："也不尽见得。如刘质夫、朱公掞、张思叔辈，又不见他文字。看程门诸公力量见识，比之康节、横渠，皆赶不上。"

程子门下诸公便不及，所以和靖云："见伊川不曾许一人。"或问："伊川称谢显道、王佐才，有诸？"和靖云："见伊川说谢显道好，只是不闻'王佐才'之语。"刘子澄编《续近思录》，取程门诸公之说。某看来，其间好处固多，但终不及程子，难于附入。必大录云："程门诸先生亲从二程子，何故看他不透？子澄编《近思续录》，某劝他不必作，盖接续二程意思不得。"

伊川之门，谢上蔡自禅门来，其说亦有差。张思叔最后进，然深惜其早世！使天予之年，殆不可量。其它门人多出仕宦四方，研磨亦少。杨龟山最老，其所得亦深。谦。

谓思叔持守不及和靖，乃伊川语，非特为品藻二人，盖有深意。和靖举以语人，亦非自是，乃欲人识得先生意耳。若以其自是之嫌而不言，则大不是，将无处不窒碍矣。镐。

吕与叔文集煞有好处。他文字极是实，说得好处，如千兵万马，饱满伉壮。上蔡虽有过当处，亦自是说得透。龟山文字却怯弱，似是合下会得易。某尝说，看文字须以法家深刻，方穷究得尽。某直是得下工！

上蔡多说过了。龟山巧，又别是一般，巧得又不好。范谏议说得不巧，然亦好。和靖又忒不巧，然意思好。

问尹和靖立朝议论。曰："和靖不观他书，只是持守得好。它语录中说涵养持守处，分外亲切。有些朝廷文字，多是吕稽中辈代作。"问："龟山立朝，却有许多议论？"曰："龟山杂博，是读多少文字。"

看道理不可不子细。程门高弟如谢上蔡、游定夫、杨龟山辈，下梢皆入禅学去。必是程先生当初说得高了，他们只见一截，少下面着实工夫，故流弊至此。

游、杨、谢三君子初皆学禅。后来余习犹在，故学之者多流于禅。游先生大是禅学。

一日，论伊川门人，云："多流入释氏。"文蔚曰："只是游定夫如此，恐龟山辈不如此。"曰："只《论语序》便可见。"

龟山少年未见伊川时，先去看庄列等文字。后来虽见伊川，然而此念熟了，不觉时发出来。游定夫尤甚。罗仲素时复亦有此意。洛。

问："程门诸公亲见二先生，往往多差互。如游定夫之说，多入于释氏。龟山亦有分数。"曰："定夫极不济事。以某观之，二先生衣钵似无传之者。"又问："上蔡议论莫太过？"曰："上蔡好于事上理会理，却有过处。"又问："和靖专于主敬，集义处少。"曰："和靖主敬把得定，亦多近傍理。龟山说话颇浅狭。范淳夫虽平正，而亦浅。"又问："尝见震泽记善录，彼亲见伊川，何故如此之差？"曰："彼只见伊川面耳。"曰："'中无倚着'之语，莫亦有所自来？"曰："却是伊川语。"

游、杨、谢诸公当时已与其师不相似,却似别立一家。谢氏发明得较精彩,然多不稳贴。和靖语却实,然意短,不似谢氏发越。龟山语录与自作文又不相似,其文大故照管不到,前面说如此,后面又都反了。缘他只依傍语句去,皆是不透。龟山年高,与叔年四十七,他文字大纲立得脚来健,有多处说得好,又切。若有寿,必然进。游定夫学无人传,无语录。他晚年嗜佛,在江湖居,多有尼出入其门。他眼前分晓,信得及底,尽践履得到。其变化出入处,看不出,便从释去,亦是不透。和靖在虎丘,每旦起顶礼佛。郑曰:"亦念金刚经。"他因赵相入侍讲筵,那时都说不出,都奈何不得。人责他事业,答曰:"每日只讲两行书,如何做得致君泽民事业?"高宗问:"程某道孟子如何?"答曰:"程某不敢疑孟子。"如此,则是孟子亦有可疑处,只不敢疑尔。此处更当下两语,却住了。他也因患难后,心神耗了。龟山那时亦不应出。侯师圣太粗疏,李先生甚轻之。来延平看亲,罗仲素往见之,坐少时不得,只管要行。此亦可见其粗疏处。张思叔敏似和靖,伊川称其朴茂;然亦狭,无展拓气象。收得他杂文五六篇,其诗都似禅,缘他初是行者出身。郭冲晦有易文字,说易卦都从变上推。问:"一二卦推得,岂可都要如此?""近多有文字出,无可观。周恭叔、谢用休、赵彦道、鲍若雨,那时温州多有人,然都无立作。王信伯乖。"郑问:"它说'中无倚着',又不取龟山'不偏'说,何也?"曰:"他谓中无偏倚,故不取'不偏'说。"郑曰:"胡文定只上蔡处讲得些子来,议论全似上蔡。如'获麟以天自处'等。曾渐又胡文定处讲得些子。"曰:"文定爱将圣人道理张大说,都是勉强如此,不是自然流出。曾渐多是禅。"

学者气质上病最难救。如程门谢氏便如"师也过",游与杨便如"商也不及",皆是气质上病。向见无为一医者,善用针,尝云:"是病可以针而愈,惟胎病为难治。"

蔡云:"不知伊川门人如此其众,何故后来更无一人见得亲切?"或云:"游杨亦不久亲炙。"曰:"也是诸人无头无尾,不曾尽心存上面也。各家去奔走仕宦,所以不能理会得透。如邵康节从头到尾,极终身之力而后得之。虽其不能无偏,然就他这道理,所谓'成而安'矣。如茂叔先生资禀便较高,他也去仕宦。只他这所学,自是从合下直到后来,所以有成。某看来,这道理若不是生尽死去理会,终不解得!书曰:'若药不瞑眩,厥疾不瘳。'须吃些苦极,方得。"蔡云:"上蔡也杂佛老。"曰:"只他见识。"蔡云:"上蔡老氏之学多,龟山佛氏之说多,游氏只杂佛,吕与叔高于诸公。"曰:"然。这大段有筋骨,惜其早死!若不早死,也须理会得到。"蔡又因说律管,云:"伊川何不理会?想亦不及理会?还无人相共理会?然康节所理会,伊川亦不理会。"曰:"便是伊川不肯理会这般所在。"

程门诸子在当时亲见二程,至于释氏,却多看不破,是不可晓。观《中庸说》中可见。如龟山云:"吾儒与释氏,其差只在秒忽之间。"某谓何止秒忽?直是从源头便不同!伯丰问:"《崇正辨》如何?"曰:"《崇正辨》亦好。"伯丰曰:"今禅学家亦谓所辨者,皆其门中自不以为然。"曰:"不成吾儒守三纲五常,若有人道不是,亦可谓吾儒自不以为然否?"又问:"此书只论其迹?"曰:"论其迹亦好。伊川曰:'不若只于迹上断,毕竟其迹是从那里出来。'胡明仲做此书,说得明白。若五峰说话中辨释氏处却胡涂,辟他不倒。皇王大纪中亦有数段,亦不分晓。"

上蔡之学,初见其无碍,甚喜之。后细观之,终不离禅底见解。如"洒扫应对"处,此只是小子之始学。程先生因发明,虽始学,然其终之大者亦不离乎此。上蔡于此类处,便说得大了。道理自是有小有大,有初有终。若如此说时,便是不安于其小者、初者,必知其中有所谓大者,方安为之。如曾子三省处,皆只是实道理。上蔡于小处说得亦大了。记二先生语云:"才得后,便放开。不然,只是守。"此语记亦未备。得了自然开，如何由人放开？此便是他病处。诸家语录，自然要就所录之人看。上蔡大率张皇，不妥帖。更如游杨解书之类，多使圣人语来反正。如解"不亦乐乎"，便云"学之不讲"为忧。有朋友讲习，岂不乐乎之类，亦不自在。大率诸公虽亲见伊川，皆不得其师之说。

程门弟子亲炙伊川，亦自多错。盖合下见得不尽，或后来放倒。盖此理无形体，故易差，有百般渗漏。

程门诸高弟觉得不快于师说，只为他自说得去。

古之圣贤未尝说无形影话，近世方有此等议论。盖见异端好说玄说妙，思有以胜之，故亦去玄妙上寻，不知此正是他病处。如孟子说"反身而诚"，本是平实，伊川亦说得分明。到后来人说时，便如空中打个筋斗。然方其记录伊川语，元不错。及自说出来，便如此，必是闻伊川说时，实不得其意耳。

问："郭冲晦何如人？"曰："西北人，气质重厚淳固，但见识不及。如兼山易中庸义多不可晓，不知伊川晚年接人是如何。"问："游、杨诸公早见程子，后来语孟中庸说，先生犹或以为疏略，何也？"曰："游、杨诸公皆才高，又博洽，略去二程处参较所疑及病败处，各能自去求。虽其说有疏略处，然皆通明，不似兼山辈立论可骇也。"

周恭叔学问，自是靠不得。

朱公掞文字有幅尺，是见得明也。

南轩云："朱公掞奏状说伊川不着。"先生云："不知如何方是说着？大意只要说得实，便好。如伊川说物便到'四凶'上，及吕与叔中庸，皆说实话也。"

李朴先之大概是能尊尚道学，但恐其气刚，亦未能逊志于学问。

学者宜先看《遗书》，次看和靖文字，后乃看上蔡文字，以发光彩，且亦可不迷其说也。